朝日新書
Asahi Shinsho 998

詭弁と論破

対立を生みだす仕組みを哲学する

戸谷洋志

朝日新聞出版

はじめに

「それってあなたの感想ですよね？」

子どもたちの間で、この言葉が流行しているという。ベネッセホールディングスによって発表された「小学生の流行語ランキング二〇二二」では、この言葉は一位にランクインした。二〇二三年においても四位を占めた。

この言葉は、「ひろゆき」こと西村博之が使用したことで知られている（本書では、彼のキャラクター性を考慮して、ひろゆきと呼ぶ）。しばしば「論破王」と称される彼は、討論番組で活躍し、舌鋒鋭く相手を言い負かす姿によって、多くの人々から支持されている。

ひろゆきが子どもたちから魅力的に見えるのは、よく分かる。しばしば彼は、学術的な研究者や政治家など、社会的な権威を持つ人々に対して立ち向かっていく。「偉い先生」が専門用語で塗り固めたもっともらしい論を、日常的で口語的な言葉で切り崩していく。

そして最終的に、相手が感情的になって怒り出すのに対して、彼は余裕の素振りで笑っている。堅苦しいスーツを着た大人たちを、ラフなTシャツ一枚の彼が、軽やかに圧倒する。社会的権威なんかなくてもいい。自然体でいてもいい。大切なのは、相手を論破できることだ。そうした価値観が、子どもたちの間で共有されているのかも知れない。あるいは論破力は、一つの美徳だと見なされているのかも知れない。

彼の論破力は何によって構成されているのだろうか。少なくともそれが、誰にでも分かりやすく伝える言語化能力や、正しく推論する論理的思考力に支えられていることは、間違いないだろう。しかし、それだけではない。彼は、議論に勝つためであれば、相手をあえて苛立たせることも辞さない。『はい』か『いいえ』で答えてください」など、論点を恣意的に限定することもある。彼にとって重要なのは議論に勝つことだ。そして、決定的な勝機を見出すと、「嘘つくのやめてもらっていいですか?」と追い打ちをかけ、相手を激高させたり、あるいは完全に沈黙させたりする。

もちろん彼は、そうした振る舞いをパフォーマンスとして行っている。討論番組では、あらゆる手段を尽くして相手を論破することが、演出上、要請される。したがってそれ自体は何も問題ではない。しかし、そうした論破力が美徳として共有され、子どもたちがそれを模倣し始めるのだとしたら、それは少し困った事態をもたらすのではないだろうか。
たとえばこんな出来事が報告されている。ある小学校で、掃除の時間に児童がふざけていた。そこで他の児童が、「ちゃんとやってよ」と注意した。するとふざけていた児童は「それって、あなたの感想ですよね?」と言って切り返し、協力することを拒否した。[*1]
先生が児童に理不尽な要求をしているのであれば、それは改善されるべきだろう。しかし、こうした文脈で発揮される論破は、「対話を切り、黙らせる言葉」として機能しているのであり、それを語った児童自身が「孤立」してしまうこともあるという。[*2]
おそらくこれは、子どもたちだけの問題ではない。私たちの社会は論破力を極めて高く評価している。世論は、誰が誰を論破したのか、ということによって、大きく影響される。場合によっては、それが現実の政治を動かすことさえある。しかし、果たしてそれは私たちの社会にとって望ましいことなのだろうか。むしろ、そのように論破力を美徳としてあまりにも高く評価することは、社会の分断をいっそう深刻にし、私たち自身を「孤立」させることになってしまうのではないだろうか。
戦史・紛争史研究家の山崎雅弘は、このように論破力が美徳とされる社会を「詭弁の氾濫」と評し、警鐘を鳴らしている。彼によれば、「論破王」は「実際には『言いがかりをつけやすい部分』を見つけて、ひたすらその部分の問題だけをあげつらい、自分が論戦で勝ったように見せているだけ」である。そしてそれは、私たちの社会を根本から脅かす、「怪物」として捉えられるべきである。

いま日本の社会で、二匹の怪物がうろついています。

一匹は「ウソ」、もう一匹は「詭弁《きべん》」です。

この二匹は、同じ親から生まれた子どもらしく、習性はそれぞれ違いますが、一緒に行動することも多い、仲のいい兄弟です。

この二匹の怪物は、人間社会の理性や良識を食い散らかして壊してしまう、おそろしい存在です。[*3]

ひろゆきが怪物的な論破力を持っていることは明らかだろう。どんなに有能な専門家であっても、彼を論破することは容易ではない。しかし、怪物とは理性に反する存在である。そうした怪物の支配を許すことは、社会が野蛮化の一途を辿ることを意味する。山崎によれば、「今の大人がその戦いから逃げてばかりいれば、子ども世代の暮らしは今後ますます悪化することが確実」である。だからこそ、「今こそ、勇気と覚悟を持って、怪物と戦うべき時」であり、「人間社会の理性や良識、建設的な議論を壊す怪物を、一匹ずつ仕留めて数を減らしていこう」と、彼は訴える。

たしかに、ひろゆきは怪物の強さを持っているに違いない。そして詭弁が怪物として私たちの社会を支配していることも事実だろう。しかし筆者は、その怪物と全面的に対峙しようとする彼の主張に、危うさを感じる。

たとえば、怪物をめぐるニーチェの次のような箴言《しんげん》を、思い出すべきではないだろうか。

怪物と闘う者は、闘いながら自分が怪物になってしまわないようにするがよい。長いあいだ深淵を覗き込んでいると、深淵もまた君を覗き込むのだ。[*4]

ひろゆきの論破力が、結局は単なる詭弁なのだとしよう。そしてその詭弁は、怪物となって私たちの社会を蹂躙《じゅうりん》しているとしよう。しかしその怪物を退治しようとするとき、いつの間にか、私たち自身も怪物になってしまうかも知れない。実際、ひろゆきを何とかして論破しようと躍起になる人々が、結局は彼と同じ土俵に上がってしまい、ただ詭弁を弄するだけの、しかも彼よりも劣った怪物と化してしまう光景を、私たちは討論番組で何度も目撃しているように思える。

そもそも「怪物（monster）」の語源はラテン語の「monstrum」であり、それは「不思議なもの」を意味していた。怪物とは、私たちを脅かすと同時に、不思議な魅力を持つ存在でもあるのだ。したがって、詭弁を弄する論破王を退治すべき敵として捉えることは、おそらく間違っている。むしろ私たちは、人が誰かを論破することに魅了されるのであり、その点において怪物的な強さを発揮するひろゆきに、心を奪われているのである。その事実を認めることから出発しなければ、詭弁という名の怪物との付き合い方も、見誤ることになるだろう。

ひろゆきは怪物である。だからこそ私たちは彼に魅了されている。その怪物性を否定するとき、私たちもまた怪物に変わってしまう可能性がある。詭弁を論破しようとすることは、それ自体が、詭弁へと反転していく。

もっとも、このように私たちが詭弁に魅了される、ということは、何も今に始まったことではない。

たとえば、古代ギリシャの哲学者であるプラトンは、都市国家アテネにおいて出現していた、「ソフィスト」と呼ばれる人々を批判したことで知られている。ソフィストとは、議論で負けないためのテクニックを人々に教えることを生業とした人々であり、若者に弁論術を教える教師として生計を立てていた。しかしプラトンは、そこで教えられているものは単なる詭弁であり、それによって物事を判断することは危険である、と指摘する。

ソフィストは、本当は自分が知らない事柄について、もっともらしく語ることができる。たとえばそうした人々は、よく効果が分からない薬について、まるで素晴らしい効果があるかのように語ることができる。その説明は、場合によっては、薬についてよく知っている医者よりも、説得力があるようにさえ思える。

しかし、だからといって、ソフィストの言葉を信じて薬を飲むことは、危険極まりないことだろう。なぜなら、そのときソフィストが薬について語っていることは、まったくのでたらめかも知れないからだ。むしろ私たちは、薬について本当にそれをよく知っている人の言葉を聞くべきである。尊重されるべきなのは真実であって、真実であるかのように語られたことではないのだ。プラトンは、このような観点から、あくまでも真実を探究しようとする営みを、哲学と呼んだ。それは、そもそも始まりから、ソフィストの詭弁と鋭く対立するものだったのである。

もっとも、古代ギリシャと現代との間には、当然のことながら違いもある。おそらくそのもっとも重要な要因の一つは、テクノロジーだろう。

古代ギリシャにおいて、市民たちは広場で議論を眺めていた。そのとき広場は、議論に参加できる人間を限定する役割を果たし、議論が影響を及ぼす範囲を条件づけていた。議論は常に、特定の時間と場所を共有する人々の間で、特定の共同体のなかで営まれていたのである。議論で語られたことは、常にその場限りのものであり、議論が終わればこの世界から消滅していった。

現代のソーシャルメディアは、こうした議論のあり方を大きく変えた。議論は不特定多数の人々に共有され、コンテンツとして記録され、複製され、後から振り返ったり、何度も見直したりできるようになった。議論の特定の部分を切り取ることも可能になった。数時間におよぶ議論が、数秒の「切り抜き動画」として編集され、特定の共同体に限定されることなく、世界中で視聴されるようになった。

切り抜かれた動画と化した議論は、もはや古代ギリシャのように、人々の賛同によって評価されることはなくなる。評価は再生回数などの数値に委ねられる。そうであるがゆえに、発信者は、人々の賛同を得られるものではなく、再生回数を稼ぐことができるコンテンツを発信する。そしてそうしたコンテンツの一つが、人が人を論破する瞬間であり、たとえばひろゆきが「それってあなたの感想ですよね？」と必殺技が披露される瞬間なのだ。

このように考えるなら、現代のテクノロジーは、人々をより詭弁へと陥れやすい環境を形成しているのではないだろうか。そしてそれは、プラトンが詭弁の蔓延を嘆いていた古代ギリシャに比べて、はるかに深刻であるかも知れないのだ。

ここに本書の問題関心がある。私たちの社会は詭弁に翻弄されている。では、それを可能にした条件とは、いったい何だったのだろうか。そしてそれは、私たちの社会にとってどのような意味を持っているのだろうか。詭弁が脅威であるとしたら、それは何を脅かすのだろうか。そして、私たちはその脅威に対してどのように抵抗するべきなのだろうか。

それを考察することが、本書のテーマである。

＊1　朝日新聞デジタル「授業中、対話遮る『ひろゆキッズ』の流行語　対立恐れ『いいね』追従」二〇二三年五月五日（https://digital.asahi.com/articles/ASR4Y5GMRR4TUTIL03K.html：二〇二四年一二月一九日閲覧）。
＊2　同記事。
＊3　山崎雅弘『詭弁社会――日本を蝕む〝怪物〟の正体』祥伝社新書、二〇二四年。
＊4　ニーチェ『善悪の彼岸』中山元訳、光文社古典新訳文庫、二〇〇九年。

詭弁と論破

対立を生みだす仕組みを哲学する

目次

第六章　議論の構造転換　149

第一章　「論破王」の時代

現代社会において、他者と議論するという営みそのものが、脅威にさらされている。世間では、論破力が美徳として称揚され、相手を言い負かすために、しばしば詭弁が用いられる。このような状況を前にして、私たちは議論の営みをどう捉え直すべきなのだろうか。それが本書の問いである。

考察の出発点として、まずは現状を確認することから始めることにしよう。もちろん、現代社会で交わされるあらゆる議論を、すべての討論番組を分析対象とすることはできない。そこで、ここではこの時代を代表する一人の論客に焦点を定めたい。それは、「はじめに」でも紹介した、ひろゆきである。

「ひろゆキッズ」という言葉にも代表される通り、彼は若年層から絶大な支持を受けている。議論をどう行うか、という点に関して、彼が一つの模範として見なされていることは明らかだろう。それでは、彼自身は、議論するという営みをどのように捉えているのだろうか。そして、彼が披露する論破の技法は、どのように編み出されたものなのだろうか。

ひろゆきによる論破の特徴

ひろゆきの論破は、主として討論番組などで披露される。その特徴がはっきりと表れるものとして、テレビ朝日とＡＢＥＭＡの共同制作のもと、二〇二〇年から二〇二三年にかけて放送されていた番組『マッドマックスＴＶ』における、彼のパフォーマンスを挙げることができるだろう。[*1]

この番組の企画の一つに、「ひろゆきの論破シリーズ[*2]」がある。これは、ひろゆきと著名人が様々なテーマでディベートを行い、その勝敗を学習院大学弁論部や日本弁論連盟などから選出された審査員によって判定する、というものだ。

ディベートでは最初に問いが提示される。その問いへの回答は、基本的には相互に両立しない二つの立場へと分けられる。たとえば「生まれ変わるならどっち？　絶世の美女・美男子　ｏｒ　超お金持ち」といったようなものだ。出演者は、まずは、そのうちどちらか一方を採用し、自分の立場とする。そして自分の立場を擁護し、相手を論破するべく、議論を交わすのである。ひろゆきが出演する場合、基本的には対戦相手が先に自らの立場を選択し、残った方の立場がひろゆきに割り当てられることになる。

当日の問いは事前に知らされない。したがって、ひろゆきは自分がどのような問いにどのような立場で議論することになるかが分からない状態で、ディベートに赴くことになる。そのため彼にはまったく事前準備をすることができない。そうであるにもかかわらず、彼は八割近い確率でディベートに勝利しているという。

つまりひろゆきはこの番組において、どのような問題についても、どのような立場であっても、相手を論破してみせているのである。このように、不利な状況をはねのけて安定した勝率を維持している点に、ひろゆきが「論破王」と称される所以《ゆえん》があるのだろう。同時に、議論の場がこのように設定されているがために、それは彼自身に特定の立場へのこだわりがない、ということも露呈させる。言い換えるなら、彼には自分自身の主張がない、少なくともそれを議論の場でまったく表明していない、ということだ。それに対して、彼の対戦相手はしばしば自らの信念に基づいて主張するが、しかし論破される。そのため、何の信念も持たない者が、信念を持つ者を論破してしまう、という光景を、視聴者は目の当たりにすることになる。

もちろんこれは、ディベートという討論の形式に特有のものではある。しかし彼の場合、この番組の企画に限らず、およそどのような議論においても、それをディベートのように捉え、あえて相手と対立する立場を取り、そこから相手を論破しているように思える。

彼が絶大な支持を得ているのは、そうした論破を、人々が彼に期待しているからだ。つまり人々は、何かの信念を持つ者が、何の信念も持たない者に論破される光景を、待ち望んでいるのである。その背景にある欲望は、いったい何なのだろうか。

おそらくそれは、信念を持つ者へのある種の不信感なのではないだろうか。口では信念を語る人間に垣間見える、自己欺瞞への嫌悪感ではないだろうか。あるいは、信念によって自己を正当化する人間が、実はまったく非合理的なのではないか、という疑念なのではないか。

信念を持ったところで、結局のところ、信念を持たない者を納得させることなんてできないし、またそうした者に簡単に論破される。したがって、もっともらしく信念を掲げることは、まったく無意味なことだ。ひろゆきは、そう思いたがろうとする欲望に、論破によって応えているのではないだろうか。

美徳としての論破力

では、なぜひろゆきは、そのように明らかに不利な条件のもとで、相手を論破することができるのだろうか。

彼は、論破の「必須アイテム」として、さしあたり「論理」と「事実」を挙げている。どれほどしっかりとした論理に基づいていても、そこで語られている事実が虚偽であれば、相手を説得することなどできない。あるいは反対に、たとえ事実に基づいて何かが語られるのだとしても、論理が破綻していれば、同様に説得力のある主張をすることはできない。したがってこの二つは、説得において欠かすことができない条件なのである。

ただし、こうした論破のための材料が揃っているのだとしても、誰に向けて語るのかを見誤れば、それを有効に活かすことはできない。そして興味深いことに、相手を論破しようとするとき、自分が論破しようとする相手に向けて何かを語ることではなく、その議論の勝敗を判定する権威を持つ者に対して語らなければならない、と彼は主張する。

要するに、「論破力＝説得力のある話し方」なのですが、その説得力をどう高めるかというのは、議論している直接の相手に対してではなくて、議論を見聞きしている周りの人に対して高めていくものなのですね。

話している論理や事実がちゃんとしているのと同時に、それを**見聞きしている周りの人たちに、「この人が言っていることは正しいんだ」と思わせるような「印象」を与えること**。それがおいらの言う「論破力＝説得力のある話し方」です。[*3]

ひろゆきは、相手を論破するとき、相手に向かって語っているのではない。彼が本当に説得しようとしているのは、その議論をジャッジしている第三者なのである。

ここに彼のコミュニケーション観の大きな特徴がある。すなわち論破とは、自分が議論している相手を説得することではなく、そこで自分が相手を論破したということを、第三者に認めさせることなのである。したがって、議論をしている相手が説得されるか否かは、彼にとって本質的に問題ではない。もしかしたら、相手は議論が終わっても、決して自分が論破されていない、説得されてはいない、と主張するかも知れない。しかし、そうであったとしても、その議論においてひろゆきが相手を論破した、と第三者に認められるのであれば、それは彼にとって論破なのである。

論破の成否が、あくまでもそれを認める第三者の判断に基づくのだとしたら、その第三者がどのような人物であるかによって、何をどのように語るのかもアレンジされる。たとえば、第三者が社会的な弱者であれば、そうした人が共感しうるように語るだろうし、それが子どもであれば、子どもでも分かるような簡単な言葉で説明するだろう。またひろゆきは、そもそもそうした第三者が存在しない状況では、議論すること自体を避けている、とも語っている。要するに、相手と一対一で議論しないということだ。なぜならその場合、相手が決して論破されたことを認めなかったとしたら、事実上、相手を論破することは最初から不可能になってしまうからである。

彼は議論において、相手から認められたいと思っていないし、そもそも理解されたいとすら思っていない。それが、議論における彼の怪物のような強さの背景にあるのではないだろうか。

動機としての支配

ひろゆきは、議論において相手からどう思われるかということに、そもそも関心を持っていない。だからこそ彼は、相手から嫌われたり、怒られたりすることも、まったく意に介さない。それどころか、議論を有利に進めるために、意図的に不愉快な言動をして、相手からの嫌悪感を誘発し、相手を感情的にさせることもある。彼は次のように述べる。

要はおいらの場合、怒らせる技も怒りをかわす技も、ちょっとした嫌がらせにしても「**相手にどう思われてもいい。とりあえずどんなボールが返ってくるのか、面白そ**

うだからやってみよう」とやってしまえるわけです。そして**実際にやってみたら、けっこう自分の思いどおりのボールが返ってくる**というわけです。[*4]

彼にとって議論は、仮説を検証する遊びに近いものである。議論の目的が相手を論破することであるとすれば、相手がどのような言動をするのかを予測し、その一手先を読んで、相手を詰ませることができなければならない。どうやら彼は、議論が開始される時点で、相手の言動について一定の仮説を構築しているようだ。その仮説は、最初は開かれたものだが、やり取りを繰り返すなかで、徐々に限定された振れ幅のないものへと確証されていく。彼は、そのプロセスに面白みを感じるという。

ただしそれは、議論の相手を理解するために行われるのではない。彼が関心を持っているのは、あくまでも第三者に論破を認めさせることであり、相手と互いに理解し合うことではない。したがって、こうした仮説の検証も、あくまで相手を自分が向かわせたい帰結へ、つまり相手が袋小路に陥って敗北する未来へ誘導するために、行われる。そしてそこに、彼が他者と議論しようとする動機がある。

論理という道具を使うと、自分がどんなに不利な状況でも何とかなる場合があるということや、「自分のやりたいことを押し通すためには、この手を使うとけっこういける」ということに、おいらわりと早い段階で気づいていたと思います。

そしておいらの場合、昔から自分の中で「**思いどおりにしたい」という気持ちが強ければ強いほど、どうやら論破力が発揮される**ようなのです。[*5]

彼が「論破王」として振舞っているのは、多かれ少なかれ、討論番組においてその役割を求められているからだろう。しかし、そうした演出上の意図を差し引いたとしても、この点については、彼自身の価値観によるものではないか。つまり彼は、論理を駆使して相手を支配し、自らの目的を果たすことに、達成感を抱いているのではないか。

なぜ、ひろゆきは相手を論破しようとするのだろうか。それは彼が相手を支配したいと欲望しているからである。彼の論破への動機はそこに存している。

プログラミング思考

議論に対する以上のようなひろゆきの考え方は、彼がもともと生業《なりわい》としていたプログラミングの思考と、ある意味ではよく似ている。

プログラミングとは、インターネット上にウェブサイトなどを構築する際に、その一つ一つのデザインや挙動を、コンピューターに対して言語によって命令することである。普段、何気なく閲覧しているサイトであっても、実際にはとても複雑なソースコードによって設計されている。たとえば、文字を太字にしたり、斜体にしたりすることも、言語によって命令が記述されているのだ。

プログラマーは、そうした言語に習熟し、頭のなかで思い描いた通りのウェブサイトを構築し、問題を解決するために、もっとも合理的なソースコードを設計することができる職人である。ひろゆきは、そうしたプログラマーの独特な価値観を、次のように説明している。

まず、プログラマーはコンピューターに対して、正確に命令することを求められる。もしもほんの些細な点であっても、プログラマーがミスをしていたら、コンピューターはエラーを起こして反応しなくなってしまう。コンピューターの方が、プログラマーの意図を汲《く》むことはない。そこで求められていることは、正しく命令することで、思い通りの挙動をコンピューターにさせることなのだ。

ひろゆきによれば、プログラマーにとってコンピューターとは、「宇宙人か謎の生物」のようなものだ。つまりそれは原理的に「私」を理解してくれないし、「私」からも相手を理解できない存在である。しかし、そうしたコンピューターも、こちらが正しく命令すれば、それに応えてくれる。ここにプログラミングの大きな魅力がある。「命令した通りの結果が出る快感」を抱いているという点に、プログラマーの基本的な価値観があると、彼は指摘する。[*6]

この「快感」は、彼が議論において相手を論破する際、その動機となる支配欲と、ほとんどそのまま重なり合う。つまり彼は、コンピューターに対してソースコードによって命令するように、議論において相手を追い詰めるのである。彼は、議論におけるやり取りによって自分の仮説を検証し、その仮説が正しければ、相手を論破することに成功する。それは、プログラミングの命令が正しければ、コンピューターが思った通りの挙動を示すのと同じである。だからこそ、彼は相手から理解されたいとも、相手を理解したいとも思わない。彼にとって議論の相手は、思い通りに動かそうとする存在でしかないのであり、その限りにおいて、コンピューターと何ら変わらない。言い換えるなら、それは「宇宙人か謎の生物」以上のものではないのである。[*7]

実際に、ひろゆきはプログラミングの思考を現実に人間関係にも応用することを推奨している。

自分の指示した通りに人が動かなかったり、物事が進まなかったりした際も、プログラマー思考を身につけていれば、「もしかすると、自分の指示が間違っているのでは?」「自分に説明する能力がないのでは?」と気づき、問題解決につながることもあります。[*8]

彼の論破芸は、しばしば詰将棋のようだと言われることがある。しかし、実際には彼がそこで演じているのは、複雑なコミュニケーションによるプログラミングに近いものなのだろう。彼が相手に向けるまなざしは、コンピューターの画面に向けるそれと、本質的に変わらないのである。

プログラマーの倫理

プログラミングの思考が議論に応用されるのだとしたら、議論における言動は、通常のそれとは異なる価値観に基づいて展開される。つまりそれは、プログラマーの倫理に基づいたものになる、と考えられる。

ひろゆきによれば、プログラミングを学ぶことによって身に付けられる能力として、「情報整理術、俯瞰《ふかん》で物事を見る目、相手に合わせて指示するやり方、物事を効率化する方法、数値化する力、優先順位を見極めること、仮説を立てる癖、論破力、シミュレーション力、仕事を熟練させる方法、アイデアを形にする能力、模倣《もほう》するショートカット術など」が挙げられる。ここに含まれているいくつかのスキルは、一般的に、他者とのコミュニケーションにおいて望ましいものとして評価されないものである。

たとえば、「模倣」はその最たる例だろう。コミュニケーションにおいて、相手があからさまに誰かを模倣し、自分が本当には思っていないことを言い始めたら、私たちはそれを訝《いぶか》しく思うに違いない。「誰かの真似をしていないで、あなたが思っていることを、あなたの言葉で話してほしい」と要求したくなることさえあるだろう。現実のコミュニケーションにおいて、私たちは自分の言葉で語ることを、ある種の美徳であると見なしているからだ。

それに対して、プログラマーはそうした発想を取らない。ある問題を解決するために、すでに優れたソースコードが存在するならば、それを模倣することは決して悪いことではない。それに対して、オリジナルのソースコードを一から設計し、それによって構築されたウェブサイトが結局不安定なものになってしまうなら、本末転倒である。目的を達成するために優れたものを模倣することは、推奨されるべき行為なのである。

そうした思考が議論に持ち込まれるなら、誰かの発言を模倣することは、決して悪いことではないだろう。もちろん、自分の言葉で語ることが、その議論の目的ならば、模倣はするべきではない。しかし、相手を論破することが目的であり、そのために必要な手段であるならば、模倣することを避けるべき理由は何もない。

実際、ひろゆきは議論における優れた「ソースコード」すなわち「決めゼリフ」を持っているように思える。「それってあなたの感想ですよね?」[*9]や、「嘘つくのやめてもらっていいですか?」、「『はい』か『いいえ』で答えてください」などがそれだ。これらの一手を打つことで、彼はある程度、その後の展開を支配できるようになる。それは彼にとって、コンピューターに思い通りの挙動をさせるための、基礎的な命令なのである。

「ショートカット」もまた同様である。現実のコミュニケーションでは、時間をかけて丁寧に議論を重ねることがよしとされる。しかしプログラマーは、同じように課題を解決できるなら、より効率的な手段の方が優れていると評価される。たとえば、相手を論破することが目的であるならば、丁寧に相手の話に耳を傾けるのではなく、相手を嘲《あざけ》るなどして、相手を感情的にし、自ら論理破綻を露呈させるよう誘発した方が早い。それもまたショートカットの実践なのである。

ひろゆきによれば、プログラマーの世界において、きちんと挙動するプログラミングを書ける人間が偉いのであって、それ以上でもそれ以下でもない。それが、彼の議論に関する倫理にも反映しているのだろう。

階級闘争としての論破芸

以上において、ひろゆきによる論破の特徴を概観してきた。ここで少し視点を変えてみよう。彼がそうした仕方で他者を論破することに長けていることは分かった。では、なぜそうした彼の姿が、若者から多くの支持を集めているのだろうか。

社会学者の伊藤昌亮は、ひろゆきが支持される背景に、階級闘争の論理が働いている、と分析する。彼によれば、ひろゆきの言説には大きく分けて二つの特徴がある。第一に「社会批判」であり、第二に「自己改造」である。[*10]

前述の通り、プログラマーの倫理に従うひろゆきにとって、物事に対する価値判断は、それが効率的に課題を解決しているか否かにかかっている。そうした基準に照らし合わせたとき、伝統や習慣によって凝り固まり、かえって効率的な課題解決を図ることができない既存の社会は、「オワコン」として評価される。彼は、そのようにして、世の中に対して仮借のない批判を寄せるのである。

その一方で、たとえ社会が硬直化しているのだとしても、そのなかで生きる私たち自身は、ちょっとした工夫によって課題を解決することができる。それが「自己改造」である。優れた人のやり方を模倣したり、無駄なプロセスをショートカットしたりすることで、これまでよりも生き方を効率的にし、人生はずっと楽なものになる。

伊藤によれば、こうした二重のメッセージは、社会のなかで苦境に陥っている弱者にとって、共感を誘いやすいものである。そうした人は、今はたとえうまくいっていなくても、自分の考え方ひとつで人生は好転しうる、という慰めを得ることができるのと同時に、自分のことを助けてくれない社会に対する鬱憤を晴らすことができる。

もちろん、弱者の味方になろうとする言説は、ひろゆきに特有のものではないだろう。むしろそれはリベラル派のアイデンティティとも言うべき価値観である。ただし、当のひろゆきは、リベラル派に対して厳しい立場を取る傾向にある。そうであるにもかかわらず、なぜ、彼は弱者から共感を集めうるのだろうか。

　これに対する伊藤の解釈は次のようなものである。すなわち、リベラル派が「弱者」として想定している人々は、本当の弱者ではなく、一定の権威を持った存在であり、事実上強者である、ということだ。ひろゆきは、そうした虚構を暴くことで、その視線から無視されている本当の弱者に対して、訴求しようとするのだ。

　伊藤がその一例として挙げるのは、二〇二二年における、辺野古基地移転問題をめぐるひろゆきの言動である。当時、基地移転に反対する現地の住民たちが、座り込みの抗議を行っていた。しかし、実際にひろゆきが現地に赴くと、そこにはたまたま抗議活動をする人がいなかった。そこで彼は、「座り込み抗議が誰も居なかったので、０日にした方がよくない？」と、ＳＮＳで発信したのである。

　彼がその活動によって訴えていたのは、抗議活動をする人々は本当の弱者ではない、ということだったと、伊藤は指摘する。彼によれば、「リベラル派の『弱者リスト』に含まれる戦争被害者としての沖縄の人々」は、ひろゆきの目には「運動するポーズを取っているだけの『偽の弱者』にすぎない」と映ったのであり、彼の投稿は、そうした主張の訴えであるということだ。そして彼の投稿には多くの賛同の声も集まった。それは「彼に『いいね』を贈った28万もの『真の弱者』の階級闘争が、その背後で繰り広げられている」ことの表れだろう、と伊藤は分析する。[*11]

論破王の問題

その上で伊藤は、ひろゆき的な言説に関して、懸念されるべき倫理的課題を二点挙げている。

第一に、「差別的な志向の増幅」である。ひろゆきはプログラマーの倫理に従っている。当然のことながら、それはプログラミングに習熟すること、もっと言えば情報技術（IT）に強くなることを要求する。翻って、そうした価値観はITに強くない人を、「情報弱者＝情弱」として蔑視することにもなる。すると、弱者の味方につくはずだったひろゆきの言説は、かえって「情弱」への批判を強化するようにも作用する。そのため、「高齢者や障害者など、より本来的な意味での弱者が差別のターゲットとされやすい」。

しかし、当然のことながら、高齢者や障害者も本物の弱者である。そもそもひろゆき的言説は、そうした本当の弱者を代弁するからこそ、共感を集めていたのだ。しかしその言説が、結局のところ、本物の弱者への差別に加担するのであれば、それは元も子もない。この意味において、プログラマーの倫理はそれが広範な社会課題へと応用されるとき、不可避な自己矛盾へと陥らざるをえないのだ。

第二に、「陰謀論的な思考の増幅」である。ＩＴへの習熟を要請するプログラマーの倫理は、一方において、人々のＩＴリテラシーを向上させるように思える。しかし、他方においてそうしたひろゆきの言説を真に受け、社会批判や自己改造に簡単に共感し、それを内面化する人々は、かえって騙されやすい、と言える。もちろん、そうした人々は、表面的には物事に対して批判的な態度を取るだろう。しかし、そうした批判的視線を、自分自身へと向けることができないのだ。伊藤は次のように指摘する。

実際には彼らは、何事も信じないという考え方を疑いもせず信じ込んでいる集団にすぎない。つまり価値相対主義の立場を絶対化している集団であり、したがって本質的には「信じにくい」集団ではなく、むしろ「信じやすい」集団だということになる。

その結果、彼らは自らに都合よく情報を加工し、ときに捏造しながら、自らが見たいように世界を見るようになる。そこからもたらされたのが、恣意的にねじ曲げられた解釈に基づく陰謀論的な言説の数々だ。[*12]

ここで注目したいのは、ひろゆきの言動に影響された人々は、ひろゆきと同じように社会に対して批判的であるにもかかわらず、その言動に影響されてしまっているという点では、むしろ騙されやすいということである。この意味においてひろゆき的な言説は、それを支持する人々に対して、ある種の矛盾を、というよりも欺瞞を犯すことを要求するのだ。

伊藤によれば、この二つの問題が交錯するとき、「差別的な志向と陰謀論的な思考に拍車をかけること」になり、「ポピュリズムの危険性を増幅」させることになる。そしてそれは、「差別的なヘイトスピーチと陰謀論的なフェイクニュースに溢れ返っている今日のネット環境」を、さらに悪化させるものとして機能する。このような観点から、伊藤はひろゆきを批判するのである。

論破王に思想があるのか?

筆者は伊藤の主張のうち、ひろゆきの言動が「情弱」に対する差別を加速させる、という懸念については同意する。しかし、それ以外の点については、必ずしも同意できない。

伊藤は、ひろゆきが社会批判と自己改造を軸とする思想を展開し、その思想が「真の弱者」たちから共感を集めることによって、支持されていると解釈する。しかし、前述の通り、ひろゆきが議論において提示するのは、特定の信念を表明することではなく、そもそも信念を持つこと自体の無意味さである。したがって、社会批判も自己改造も、彼自身の信念ではない。それは、その状況において敵として認定された勢力を論破するために、ジャッジを下す第三者から、自分を勝者として判定してもらうための振る舞いに過ぎない。

たしかに、ひろゆきは社会批判や自己改造を訴える。しかし、それは彼が本当にそう思っているからではない。そう主張することによって、敵対する勢力を論破していると、読者や視聴者に判断してもらえるからである。そして、筆者の考えでは、彼を支持する人々の多くは、彼のそうした振る舞いを、ある種のその場限りの演技として、理解しているのではないだろうか。そして、そうした彼の飄々《ひょうひょう》とした態度をこそ、支持しているのではないか。

たとえば辺野古における抗議活動を例に取れば、人々がひろゆきを支持したのは、彼が本当の弱者の味方をしたからではなく、何らかの信念に基づいて行動することの欺瞞を暴露したからではないだろうか。彼の支持者は、誰が「真の弱者」かということになど、まったく関心がないのではないか。そうではなく、何かを大真面目に主張すること、自分の思想信条に基づいて活動すること自体を、バカにしているのではないだろうか。

そうであるとしたら、伊藤がひろゆき的な言説の第二の問題として指摘する、陰謀論の増加に関する懸念も、必ずしも説得的ではない。伊藤は、ひろゆきの支持者が、彼の思想を信じるということを前提にする。しかし、むしろひろゆきがその論破によって体現しているのは、何かを信じること自体のバカらしさなのである。そうである以上、ひろゆきの支持者は、ひろゆきの思想を信じているわけではない。なぜならひろゆきに思想はないからである。思想がないこと自体が、一つの思想である、と考えることもできるかも知れないが、それはかなり無理をしたロジックである。なぜならその思想には、そもそも内容がないからである。

したがって、ひろゆきの支持者は、必ずしも陰謀論に染まりやすいとは限らないだろう。しかしそれは、そうした人々が客観的なリテラシーを備えている、ということでもない。そもそもそうした人々は、何も信じないのである。

そうであるとしたら、おそらく、ひろゆきの支持者は、伊藤の考えるような「真の弱者」に限られないように思える。それはむしろ、何かの信念を持つことを無意味だと感じている人、その意味で、いかなる信条もなしに生きている人だろう。そうした人には、信念に基づいて生きているかのように見える人が、欺瞞を働いているように思えるのだ。だからこそ、そうした人を論破するひろゆきは、爽快に見えるのである。

論理性の自己矛盾

作家の物江潤は、このように、何らかの信念に依拠することの無意味さを暴露するひろゆきの論破芸が、若年層に相対主義的な世界観を蔓延させている、と考える。そしてそれは人々をニヒリズムへと陥らせ、生きる希望を失わせていくよう作用する。そして、伝統的な価値観に代わって、論理性が絶対的な基準として通用するようになる。

しかし、物江によれば、こうした発想は必然的に自己矛盾に陥る。なぜなら、突き詰めて考えれば、論理的なものは非論理的なものに支えられているからだ。彼はその例として、次のような思考実験を挙げている。

学校の先生が「『赤点を取った』ならば『タケシ君は留年する』」と宣言したとしま

す。そして、この言葉に奮起したタケシ君は猛勉強の末、見事に百点満点を獲得しました。

ところが、タケシ君に届いたのは留年の通知でした。しかも、古典論理学の判定によれば、この先生の言葉は「真」になるのです。

先生は「赤点を取ったら留年だ」としか言っていません。「赤点を取らなかったら絶対に留年を回避できる」と宣言していないので、先生の発言が「偽」とは断言できないのです。または「赤点を取らなかった場合については、何も約束をしていない」と考えてもよいです。そして偽ではないならば、自動的に真とするしかなさそうです。*13

「こうした具体例が指し示すのは、『論理的な正しさ』とは、非論理的なルールによって姿を変えてしまうという、身も蓋もないような結論」である。なぜなら、「タケシ君」が有無を言わさず留年させられるということは、理不尽な規範に他ならないからだ。それは、論理性を美徳とすることの限界を指し示すとともに、だからこそ、それを突破する可能性を開くものでもある。なぜなら、『論理的・合理的でありたい』ならば『非論理的な規範の内面化が必要』」であり、非論理的であることは、それがただちに退けられるべき理由にはならないからだ。

ひろゆき的なコミュニケーション観は、伝統的な価値観を非論理的なものとして相対化し、無効化する。それによって人々はニヒリズムに陥る。しかしその論理性は、実は非論理的な規範を前提にしている。そうであるとしたら、私たちは論理性の尊重を貫徹することにより、翻って、非論理的な規範の復権へと至ることができるかも知れない。そうした観点から、物江はこの時代に生きる若者に、次のような処方箋を提示している。

論理的・合理的でありたいという心象風景が最後の武器である。そして論理的でありたいならば規範が必要だ。だから健全な共同体・界隈に所属すべし。磨かれた感受性により規範をストックせよ。[*14]

怪物にならないことはできるのか

筆者はこうした物江の主張には疑問の余地があると考える。理由は大きく分けて三つある。

第一に、物江が挙げている例から、論理的なものが非論理的な規範を前提とする、と推論することはできない。たしかに、彼が挙げている事例では、「タケシ君」が理不尽に留年させられる、ということが、論証の一部をなしている。しかし、そのように非論理的な規範が介在するということは、この論証にとって必然的ではない。たとえば、「『赤点を取った』ならば『タケシ君には必要な学習指導をする』」という風に例を修正すれば、ここには非論理的な規範は何も存在しないことになる。したがって、論理性を突き詰めれば常に非論理的な規範へと行きあたる、という推論は、妥当ではない。

第二に、物江の主張に従うなら、非論理的な規範の妥当性を論理的に検証することは、原則的に不可能になってしまうということだ。言い換えるならそうした規範は、それがどんな内容であったとしても、無限に許容されてしまうことになるのである。たとえば、彼の専門領域である教育の分野で例を挙げれば、体罰容認論のような人権を侵害する規範も、正当化されてしまうことになるかも知れない。しかしおそらく彼はそれに同意しないだろう。

第三に、このように論理性を非論理性へと解消する物江の主張は、自分自身の考えを他者に対して論理的に説明すること自体の価値を低下させる。なぜなら、それが非論理的である以上、他者に何かを説明したとしても、それは決して他者には理解されないし、理解されなくても構わないことになってしまうからである。彼によれば、「論理抜きに断言できることを増やしていけばよい」。しかしこのことは、言い換えるなら、自分自身が正しいと考える事柄について、他者と議論し、合意を形成する努力を、最初から放棄することを意味する。

本書は「はじめに」において、ひろゆきを「怪物」として扱うことの危険性について、ニーチェに依拠しながら次のように指摘した。怪物と闘うものは、自分自身が怪物と化しないよう、気を付けなければならない。詭弁家を批判するものは、自分自身が詭弁家にならないように気を付けなければならない。物江はそうした危険性を冒してしまっているように思える。そしてそれこそが、論理を弄ぶ詭弁の力を、この社会に再生産しているのではないだろうか。

ここにはひろゆき的な言説に対峙することの根本的な困難さが示されている。彼は論理によって相手を論破しようとする。その彼の考え方を、やはり論理によって論破しようとすると、かえって彼の手法を――しかもほとんどの場合には劣化した仕方で――反復することにしかならない。それによってひろゆき的なコミュニケーション観はさらに強化されていく。論破王を批判する術《すべ》が論破しかないのだとしたら、論破力を美徳する言説そのものは、何も変わらない。

自分自身が怪物と化すことなく、あるいは少なくとも、その怪物性を制御しながら、こうした言説に抵抗するには、どうしたらよいのだろうか。その問いに回答することが、おそらく本書の最終的な課題になるだろう。

＊1　同番組は、二〇二二年四月より番組名が『マッドマックスTV論破王』に改められた。
＊2　この企画名は、二〇二二年四月より「ガチンコディベート対決」と改められた。
＊3　西村博之『論破力』朝日新書、二〇一八年。
＊4　同書。
＊5　同書。
＊6　西村博之『プログラマーは世界をどう見ているのか』SB新書、二〇二二年。
＊7　同書。
＊8　同書。
＊9　ひろゆき自身の説明では、彼はこのセリフを過去に一度しか使っていない。しかし、相手の発言の主観

性を問い直す批判は、彼が繰り返し使用している典型的な論破のテクニックである。

＊10 『WEB世界』伊藤昌亮「〈特別公開〉ひろゆき論——なぜ支持されるのか、なぜ支持されるべきではないのか」二〇二三年三月一一日（https://websekai.iwanami.co.jp/posts/7067：二〇二四年一二月一九日閲覧）。

＊11 同書。

＊12 同書。

＊13 物江潤『「それってあなたの感想ですよね」——論破の功罪』新潮新書、二〇二四年。

＊14 同書。

第二章　エビデンス至上主義

「それってあなたの感想ですよね?」。論破力が美徳とされる社会において、この言葉はある種のキラーフレーズとして使われている。とりあえず、そう言っておけば、なんとなく相手を論破したように見せることができる。それは、相手の意見があくまでも主観的なものであり、客観的な真実に基づいたものではない、という主張に他ならない。

言うまでもなく、客観的な真実は重要である。しかし、それを提示することは、普通に思われているほど容易ではない。そしてその困難さこそが、「それってあなたの感想ですよね?」というフレーズを強力なものにしている。

論破力を美徳とする社会は、客観的な真実を妥当性の唯一の根拠とするが、しかしそれを提示することはほとんど不可能であるがゆえに、どんな主張も妥当ではないと結論づけることが可能になる。それが、ひろゆき的な言説の持つ怪物性の背景にある事情である。

本章ではこうした背景について、科学哲学の観点から考察していこう。

エビデンスの絶対的権威

「それってあなたの感想ですよね?」というフレーズを広めたひろゆきは、議論において、客観的な真実に基づいて主張することの重要性を強調している。

たとえば、「イヌはサカナ食いますよね」という事実を言ったときに「いや、食わねえよ」という反論を成立させるのは、とてつもなく難しい。だって、イヌはサカナを食いますから。「じゃあ、動画出しましょうか」で〈終了〉になってしまうわけです。[*1]

ここで重要なのは、客観的な真実の妥当性が、その論理性と直接は関係ない――少なくとも彼の考えでは――ということだ。ある主張が真実であるか否かは、その議論でその主張がどのように正当化されるかではなく、議論の外部で、その主張の妥当性を確認できる証拠、つまりエビデンスを提出できるか否かにかかっている。たとえば、「動画」はそうしたエビデンスとして機能するのであり、それによって議論は「終了」するのである。

ひろゆきによれば、こうしたエビデンスに基づいた思考は、「理系の人」に特有のものである。なぜなら、そうした人は論文において「実験の手順や材料、証拠」を必ず明示しなければならず、その環境のなかで、「『事実でしか説得されない』ことに慣れている」からだ。それに対して、文系の人は「事実を放っておいて感情、つまり『その人の思い』で話す」から、「あーでもない、こうでもない」という「非建設的」な議論になってしまうという。[*2]

このような見方がどこまで支持できるのかを、本章では検討していくわけだが、それに先立って、一つ指摘しておきたい。文系の人が感情で議論する、という見方は誤解である。たとえば哲学の研究者の多くは、研究対象とする哲学者の文献に基づき、その理論体系をあくまでも実証的に論じていく。たとえば一般的な文献研究では、一次文献を原書から訳出し、頁数を厳密に記載することはもちろんのこと、第何版なのか、版を重ねていく過程でどのように改訂がなされているのか、その改訂でどのような変更がなぜ行われているのか、その哲学者に自叙伝があれば、その文献が後年どのように回顧されているのか、ということまで検証する。そこに感情が介在する余地は基本的にない。場合によっては、理系の人の議論よりも、文系の人の議論の方がはるかに実証的であることも少なくない。

話を先に進めよう。エビデンスの前提を問い直すことなく、とにかくエビデンスを出すこと自体に絶対的な権威を置く態度を、本書ではエビデンス至上主義と呼ぶことにする。この考え方がどこまで擁護されうるかを、以下では考えてみよう。

量的な視点

私たちは、エビデンスさえあれば、客観的な真実を容易に証明できると考えている。しかし、ここで考えられている真実とは、いったい何なのだろうか。

ある情報が客観的である、ということは、それが誰にとっても同じように正しいと言える、ということに等しい。たとえばカレーを例に取ってみよう。筆者は辛い食べ物が極めて苦手である。普通のカレーを食べても、とても辛いとよく思ってしまう。しかし、味覚は人によって異なるものだ。たとえば、辛いものが得意な人は、筆者がとても辛いと思うものを、まったく辛くないと評価するかも知れない。

この場合、筆者が「このカレーはとても辛い」と主張しても、辛いものが得意な人にとってこの主張は正しくない、ということになる。「このカレーはとても辛い」という主張は、誰にとっても同じように正しいと言えるものではない。したがってこの主張は客観的な真実ではない、ということになる。

それに対して、この主張を少しアレンジし、たとえば「このカレーは、普通のカレーの三倍の赤唐辛子を使っているので、普通のカレーよりも三倍辛い」と言い換えるなら、これは客観的な真実を言い表したものであるかのように思える。この主張も、カレーが辛いことを言い表していることに違いはない。しかしその根拠となっているのは、辛さに関する主観的な味覚ではなく、どれくらいの量の赤唐辛子を使っているのか、という数値なのである。

ここでは、質的な視点から量的な視点への変換が起きている。誰かがカレーを食べて辛いと感じること、これは質的な評価である。それに対して、その辛さを赤唐辛子という物質と対応させ、その物質の量によって判定するなら、それは量的な評価になる。

こうした質的な視点から量的な視点への転換によって、主張は主観的なものから客観的なものになり、それによって、異なる感覚を持つ人々の間でも合意を期待できるようになる。それは見方を変えれば、主観的な情報はそれが量的な情報へと置き換えられない限り、そもそも他者に伝達することができない、ということでもある。

「このカレーはとても辛い」という質的な主張は、「私」にとっては一挙に全体として与えられるが、「私」以外の人には決して知りようがないことである。「私」と同じ程度に辛いものに弱く、そのカレーが辛いことに同意してくれる人はいるかも知れない。しかしそうした人も、「私」がそのカレーをどのように味わっているのか、「私」にとってそのカレーがどの程度辛いのか、ということ自体を知ることはできない。それを知るためには、「私」になってみるしかないのだ。

ある主張の根拠が主観的な経験である場合、他者にはその推論が正しいか否かを、判定することができない。つまり、相手が嘘をついているか否かを、確証することができない。したがってそれは、エビデンスとして機能しないのである。

エビデンス至上主義において想定されている客観的な真実とは、さしあたり、量的に説明される根拠によって、誰にとっても等しく正しい情報である、ということになるだろう。そうした根拠が存在しない主張は、主観的な「感想」であり、そもそも議論において相手を説得する力を持たない。したがってそれは議論の土俵にすら上がることができない、と評価されるのである。

意味の検証可能性

こうしたエビデンス至上主義の発想は、科学哲学の文脈で考えれば、論理実証主義と呼ばれる思想とよく似ている。

科学哲学とは、科学的な知識の条件を主題とする、哲学の一分野である。科学的な探究自体は、古代ギリシャにおいてすでに始まっていたし、現代とも連続する自然科学は、一七世紀に成立したと考えられている。それに対して科学哲学は、そもそもある知識が科学的に正しい、ということは、何を意味しているのかを問う。そしてそうした議論が本格化するのは、基本的に二〇世紀以降である。

論理実証主義とは、ルドルフ・カルナップやオットー・ノイラートらによって提唱された立場だ。その特徴は、伝統的な哲学に見られた形而上学的な傾向を排除し、科学的に世界を把握することの必要性を訴えた点にある。

形而上学とは、人間には直接認識することができないが、しかしこの世界を説明する上で必要となる原理のことである。その代表としては神の概念を挙げることができる。ある立場の人々は、神に関する形而上学を次のように説明する。私たちには神を直接認識することができない。しかし、神が存在することを前提にしなければ、この世界が存在する理由も説明できない。したがって、それを直接認識できないのだとしても、この世界を説明するための原理として、私たちは神が存在すると考えざるをえない。

このとき神は、そもそも人間には直接認識できないのだから、それを証明するためのいかなるエビデンスも存在しない。多くの哲学者が、論理を駆使して神の存在を証明しようとしたが、しかしそこには何らの物質的な証拠もない。したがってそれは科学的な探究の対象ではない。ひろゆきの言葉で表現するなら、形而上学は「理系の人」には解明することのできない問題なのだ。

科学的な世界観を重視した論理実証主義は、こうした形而上学的な議論を、そもそも無意味なものとして批判する。なぜなら、そもそも意味がある主張とは、経験的な手続き（実験や観察）によって検証できなければならないからだ。知識に対するこうした考え方は「意味の検証可能性テーゼ」と呼ばれる。要するに、ある主張に意味があるのは、それがエビデンスに基づいて検証できるときだけであり、そうしたことができない主張は、すべて無意味である、ということである。

ひろゆきはある意味で論理実証主義者である。彼に対して神の存在をどれだけ説明しても、「それってあなたの感想ですよね？」と切り返されて論破されるだろう。そして、エビデンス至上主義が世間で広く共有されていることを鑑《かんが》みれば、それは今日においても依然として大きな影響力を持った考え方である、と言えるだろう。

しかし、科学哲学の議論の歴史において、この思想は重大な欠陥を抱えていることが、その後、明らかになる。

言語ゲーム論

論理実証主義の理論的な基礎として重視されたのは、オーストリアの哲学者であるルートウィッヒ・ウィトゲンシュタインの主著『論理哲学論考』だった。しかし彼は、後年にその問題関心を大きく変化させ、論理実証主義とはまったく異なる発想に基づく言語哲学を展開する。

論理実証主義、あるいは本書が考えるところのエビデンス至上主義に従うなら、ある主張の正しさは経験的に検証できるエビデンスによって、確かめることができる。それは言い換えるなら、言葉はそれが指し示す対象と結びついている、ということだ。ある主張は、それが客観的な真実と対応しているときに、正しいと見なされる。科学哲学の議論において、こうした発想は対応説と呼ばれている。その限りにおいて、論理実証主義は原則的に対応説に基づく立場である、と言える。

しかし、後期のウィトゲンシュタインは、対応説は間違っている、と考えた。たとえばここに机があり、それを「私」が誰かに向かって「ここに机がある」と言うとしよう。このとき、対応説の発想に従うなら、「ここに机がある」という主張の正しさは、それが対応しているところの、ここに机があるという客観的な真実によって、確かめられる。しかし、よく考えてみれば、「机」という言葉と、そのように呼ばれている対象――「机」と呼ばれているところの、天板と脚によって構成された家具――との間に、どのような対応関係があるのだろうか。その家具のどこかに、「机」という文字が書かれているわけではない。その家具をどれだけ観察しても、そこに「机」という言葉と結びつくものはない。

では、なぜ私たちはその家具を「机」と呼ぶのだろうか。ウィトゲンシュタインによれば、それは私たちが、そうした形状の家具を名指すために「机」という言葉を使う、というルールに従っているからだ。重要なのは、「机」という言葉自体が客観的な対象と結びついていることではない。そうではなく、みんながそれを「机」と呼ぶから、それを「机」と呼ぶことが正当化される、ということなのである。

少しややこしい言い方をすれば、次のように説明することもできる。言葉はその指示対象によって規定されているのではなく、なんらかのルールに従った言葉の使用によって、つまり発話の実践によって規定されている。そしてそれは、ルールが変われば使用方法も変わり、その言葉の意味もまた変わってしまう、ということを示唆する。

たとえば、私たちはある特定の形状を持った家具を指して「机」と呼ぶが、それは、そうした家具を「机」と呼ぶことが当たり前であるような状況において、具体的には日本語が通用する社会において、初めて可能になる。もしも英語圏の国に行けば、私たちは同じ家具を指して「desk」と呼ぶに違いない。「机」と呼ばれている家具は同時に「desk」とも呼ばれる。その違いをもたらしているのは、名指されている対象としての家具のあり方ではなく、その家具がどのようなルールのもとで――つまり日本語なのか英語なのか――語られているか、ということなのだ。

ウィトゲンシュタインは、こうした言語の捉え方を「言語ゲーム」と呼ぶ。たとえばスポーツのゲームは、常にある特定のルールのもとで行われる。ボールを蹴ることは、サッカーのルールでは正しい行為だが、バスケットボールのルールでは反則になりうる行為だ。それが正しいか否かを決定しているのは、ボールを蹴るという行為そのものではなく、その行為を意味づけているルールの方である。これと同様に、言葉もまた、それがどのようなルールに基づいて使用されるかによって、意味を変えていくものなのである。[*3]

ここから導き出される帰結の一つは、ルールが変わってしまったら、ある言葉が対応する指示対象もまた変わってしまう、ということである。たとえば、日本語では仕事をするための家具を「机」と呼び、食事をするための家具であるところの「食卓」から区別する。

しかし、天板と脚を備えているという点では、机と食卓に本質的な違いはない。両者を区別しているのは、あくまでもそれが何のために使われるのか、ということであり、その使用方法を制約するルールなのである。

しかしこの区別は、歴史を通じて一定だったわけではない。「机」の語源は「坏居え《つきう》」であると言われている。「坏」とは食器のことであり、「坏居え」は現在の「食卓」に相当するものだった。つまり、「机」は今日の「食卓」から派生してきた概念であり、もともとは両者の間に違いはなかったのである。

これは、時代の変化によって言葉のルールが変わり、それによって指示される対象も変わってしまった、という事例である。たとえば現代において、食卓を指して「ここに机がある」と言えば、その主張には違和感を抱く人もいるかも知れない。しかし、古代にタイムスリップして同じことを言っても、それは不自然だとは見なされない。

同じ主張が、あるときは正しく、あるときは間違っていることがある。そしてその正誤をもたらしているのは、何らかの事実ではなく、その事実をどのように語るか、ということを定めているところの、ルールに基づく発話なのである。

こうした言語ゲーム論に従うなら、エビデンス至上主義の正しさは疑わしいものになる。

なぜなら、ある主張のエビデンスとして何らかの事実が示されたとしても、その事実が主張の正しさを証明できるのは、それがある特定のルールに基づいたときだけだからだ。そして、もしもそのルールが変わってしまったら、同じ事実を示しても、その主張のエビデンスとしては見なされなくなってしまうかも知れない。

アヒルとウサギ

言語ゲーム論は、私たちがある一定のルールに従って言語を使用していることを前提にする。ただし、ここでいうルールは、必ずしも成文化されたものであるとは限らない。国語辞典や文法書には、そうしたルールが明記されているかも知れないが、そんなものを読まなくても私たちは会話ができるし、またそうしたものを逸脱しながら、正しいと思われる主張をすることができるからだ（新語や流行語によるコミュニケーションはその典型であろう）。そうであるとしたら、ここでいうルールとは、具体的にはいったい何なのだろうか。

非常に大雑把に言えば、それは世界観のようなものである、と考えることができるのではないか。もちろんそれは、発話の実践に先立つものではなく、その実践によって形成され、姿を現わすようなものだ。

こうした問題を考える際に、しばしば参照されるのは、アヒルとウサギのだまし絵である（図1）。この絵を見ると、そこにはどうやら動物の頭が描かれているらしいことが分かる。では、その動物はいったい何だろうか。

図1　左を向いているアヒルと、右を向いているウサギを同時に示すだまし絵。
https://commons.wikimedia.org/wiki/File:Duck-Rabbit_illusion.jpg

私たちには、それをアヒルとして見ることもできれば、ウサギとして見ることもできる。しかし、両者を同時に認知することはできない。この絵がアヒルに見えているとき、それは決してウサギには見えない。一方で、それがウサギに見えているとき、それは決してアヒルには見えない。私たちは、この絵をアヒルとして認知するか、ウサギとして認知するかの、二者択一に置かれるのである。

なぜ、両者を同時に認知することはできないのだろうか。それは、この絵をアヒルと見るかウサギと見るかによって、描かれた線の意味が変わってしまうからである。たとえば、もしもこの絵がアヒルだとしたら、左の方に突き出している突起は、「くちばし」として理解される。しかし、もしもこの絵がウサギとして認知されるなら、それは「耳」として理解される。そして、くちばしと耳は同時に両立しないのである。

ここで重要なのは、この絵に描かれているのがアヒルであるかウサギであるか、ということが、この絵をどれだけ吟味したとしても、決定できないということだ。この絵はあくまでもどちらとも認知できるものである。それがどちらに認知されるのかを決定しているのは、純粋に、「私」がそれをどう眺めるか、ということでしかない。それは言い換えるなら、眺め方さえ変えてしまえば、いま自分に見えている対象が、まったく違った意味を帯びたものに変わってしまう、ということだ。

このことは、言語の実践において世界観が果たす役割とよく似ている。私たちは、ある特定の世界観に基づいて、目の前の事象を眺める。そのように眺められた事象は客観的な真実であるかのように思える。しかし、そう思えるのは、「私」がその世界観からその事象を眺めているからだ。別の世界観から眺めるなら、同じ事象がまったく別の意味を持つものとして眺められたり、あるいは、そもそもそんなものは存在しないとさえ見なされたりするかも知れない。ある観点から眺めればアヒルだったものが、別の観点から眺めればウサギになり、そこにアヒルはそもそも存在しない、と見なされてしまうように。

ここにおいて、エビデンス至上主義にとって、非常に厄介な反論が喚起されることになる。たとえば、先ほどのだまし絵について、「この絵に描かれているのはアヒルである」と誰かが主張し、そのエビデンスとして、この絵を提示したとしよう。その絵は客観的に存在する事物である。しかし、それだけでは、この主張を正当化させる根拠にはならない。なぜならその絵をウサギとして眺めることも可能であり、そしてそうなれば、先の主張は間違っていたことになるからだ。しかし、だからといって、この絵に描かれているものがウサギであるということを、この絵自身から引き出すことはできない。結局のところ、客観的なエビデンスとしてこの絵を提示しても、それはこの絵をめぐる議論にとって、何の手がかりにもならないのである。

世界観としてのパラダイム

二〇世紀の科学哲学を牽引したトマス・クーンは、ウィトゲンシュタインの言語ゲーム論を、科学哲学の文脈へと応用した。彼は、私たちが科学的に正しいとされることもまた、私たちが世界をどのように眺めるのか、ということによって、本質的に規定されると考えた。

たとえば、古代から中世にかけて、西洋では一般に天動説が信じられていた。それは、当時の人々にとって一つの世界観だったのであり、あらゆる自然現象は、この世界観のもとで説明されていた。クーンはこうした世界観を「パラダイム」と呼ぶ。これは、古代ギリシャ語で「模範例」を意味する言葉だった。要するに、この世界を眺める模範的な考え方が、パラダイムだということである。天動説はそうしたパラダイムの一つだったのだ。[*4]

ただし、クーンによれば、一つのパラダイムがこの世界のすべての現象を説明し尽くすことはない。たとえば天動説は、天体の運動をある程度は合理的に説明できるものの、いくつかの天体については、その動きをうまく説明できない。そうした事象――つまり、既存のパラダイムと首尾一貫しない現象――は、変則事象として理解される。

では、変則事象が観測されたら、パラダイムが間違っていたことになるのだろうか。必ずしもそうではない。むしろ科学者は、パラダイムの妥当性を維持するために、変則事象を説明できるようにするための、補助理論を付け加えていくのである。それによって、変則事象を一つ一つパラダイムによって説明可能な現象へと解消していく営みが、通常の科学研究の営みであると、クーンは考える。

しかし、このように度重なる補助理論の追加は、パラダイムを極めて複雑なものへと変えていく。やがて、複雑さがある閾値《いきち》を超えたとき、人々はもっとシンプルに世界を説明できるパラダイムを探すようになる。そして、そうした需要を満たすことができるパラダイムが提示されると、既存のパラダイムは廃棄され、新たなパラダイムが採用されるのである。そうした出来事を、クーンはパラダイム・シフトと呼ぶ。

パラダイム・シフトの典型は、一七世紀に起きた、天動説から地動説への移行である。天動説は、長年の研究の蓄積によって、膨大な補助理論に支えられた、複雑怪奇な世界観と化していた。もはや誰もそれを合理的な理論の体系として理解することはできなくなっていた。神がこのようにややこしい世界を創造したとは考えられない、とまで言われているほどだった。それに対して、一七世紀に登場した科学者たちによって支持された地動説は、天体の運動をはるかにシンプルな形で説明することができた。だからこそ、天動説から地動説へのパラダイム・シフトが起きたのである。しかし、地動説と言えども、決して最初から完全な理論として提示されたわけではない。それ以降の科学者たちは、天動説の研究者がそうであったのと同じように、地動説が直面する様々な変則事象を解消していくことを、自らの課題として引き受けていったのだ。

ここで重要なのは、地動説が天体の運動から必然的に導き出される理論ではない、ということだ。それは単に、天動説よりもシンプルに天体の運動を説明できる、という点で、優位性を持つに過ぎない。問題は、複雑であるかシンプルであるか、ということであって、正しいか間違っているかではないのだ。もしも私たちが、とてつもなく複雑な理論を受け入れられるなら、天動説が依然として正しいと見なすことさえ可能である。実際、いくつかの深刻な変則事象が存在するとはいえ、ほとんどの天体の運動に対して、天動説は極めて合理的な説明を与えることができる。

したがって、あるパラダイムの正しさは、それによって眺められる客観的な真実に基づいているわけではない。私たちは、同じ天体の運動を眺めながら、そこから天動説を説明することもできれば、地動説を説明することもできる——一つの絵から、アヒルを認知することも、ウサギを認知することもできるのと、同じように。

客観的な真実などない?

クーンのパラダイム論が革命的だったのは、単に、科学の探究がパラダイムに基づいているということではなく、客観的な真実そのものが、パラダイムによって左右されてしまう、という点を明らかにしたことだ。それは言い換えるなら、あるパラダイムのもとでは客観的な真実だと思われていたことが、別のパラダイムではそうではないと見なされうる、ということである。

こうした問題を考える上でしばしば参照されるのが、燃焼に関する科学の歴史である。一八世紀初め、ドイツの医師であるゲオルク・シュタールによって、燃焼は「燃素（フロギストン）」と呼ばれる物質の放出である、という理論が提示された。それによれば、ある物質が燃えるという現象は、その物質が高温になり、何らかの化学変化が起きて、水があふれかえるように燃素が解き放たれ、その後に灰が残ると考えられたのだ。こうした理論は燃素説（フロギストン説）と呼ばれている。

しかし、この理論はある問題を抱えていた。それは、金属を燃焼させた場合、その灰の質量は燃焼する前よりも増加してしまうのである。もしも燃焼が燃素の放出なら、それによって質量が増加することなどありえない。なぜこのような事象が起きるのか。これが、燃素説が直面した変則事象であり、その解決は困難を極めた。

これに対して、一八世紀に登場したフランスの化学者アントワーヌ・ラヴォアジエは、燃焼の現象は燃素の概念を使わなくても説明できる、と考え、物質が「酸素」と呼ばれる物質と結合することで灰を作り出す作用として説明した。こうした彼の酸素説は、燃素説が直面していた問題を解決することができ、燃焼に関するパラダイムとして今日においても継承されている。

このようにして、一八世紀に燃焼に関するパラダイム・シフトが起きたわけだが、ここで問い直してみたいのは、「燃素は存在するのか」という問題に、私たちがどう答えられるのか、ということだ。

燃素説がパラダイムである時代には、燃素は間違いなく存在していたに違いない。当時、燃素の存在は客観的な真実だった。そしてそのエビデンスは、何かが燃えている現象を示すことで、提示できたはずだ。要するに燃素が存在するということの正しさは、エビデンスによって正当化されていた。

しかし、酸素説がパラダイムになれば、状況は一変し、燃素など最初から存在しなかった、ということになるだろう。そして、何かが燃えているという現象は、むしろ燃素が存在することを否定し、酸素が存在することを正当化するエビデンスになるだろう。同じ事象が、まったく別の主張を正当化するエビデンスとして機能してしまうのだ。

ただしこのことは、燃素説に対して酸素説が絶対的に正しい、ということを意味するわけではない。燃素説がパラダイムである時代において、「酸素は存在するのか」という問いへの答えは、否となるだろう。なぜならそこに存在するのはあくまでも燃素だからだ。たとえ、今日の私たちの科学的な常識からすれば、当時の人々が眺めていた物質が酸素だったとしても、そのパラダイムのなかに酸素は決して存在しえないのである。

ここに至ってエビデンス至上主義は、大きな問題に直面せざるをえなくなる。なぜなら客観的な真実は、「私」がそれをどのような世界観で出来事を眺めているかによって、まったく変わってしまうからだ。世界観そのものの正しさは客観的な真実に基づいているわけではない。したがって、「私」が他者と異なる世界観に基づいているとき、「私」にとって客観的な真実であることが、他者にとってはそうではない、ということが起こりうる。そのように意見が食い違うとき、「私」と他者の間で、客観的な真実に基づいて合意を形成することができない。なぜなら、「私」と他者に見えている客観的な真実は、そもそも違うからだ。

酸素説を採る「私」が、燃素説を採る誰かに対して、「それってあなたの感想ですよね？」と言っても、相手にとって、それは感想などではなく、間違いなく客観的な真実なのだ。そのとき、「私」が信じるのとは異なるパラダイムにおいて客観的な真実だとされる主張と、単なる主観的な感想は、区別できなくなる。

このような状況を前提とするとき、「それってあなたの感想ですよね？」というフレーズは、その有効性を失ってしまうように思える。なぜなら、感想から区別されるところの客観的な真実が成立しない以上、どんな主張をするのであっても、それが「私」の世界観に基づくものであるという意味では、「感想」の地位へと引き下げられるからだ。私たちには感想以外のことを語ることができない。そしてそれは、あらゆる主張の妥当性を相対化し、妥当な主張など何もない、という事態を招くことになるだろう。そして、このような事態が、次章において検討するポスト・トゥルースの問題を引き起こすことになるのである。

＊1　西村博之『論破力』朝日新書、二〇一八年。
＊2　同書。
＊3　ルートウィッヒ・ウィトゲンシュタイン『哲学探究』鬼界彰夫訳、講談社、二〇二〇年。
＊4　トマス・S・クーン『科学革命の構造　新版』青木薫訳、みすず書房、二〇二三年。

第三章　ポスト・トゥルースの時代

前章では、論破力が美徳とされる時代において支配的なエビデンス至上主義を、科学哲学の観点から検討し、その脆弱性を指摘した。「それってあなたの感想ですよね？」という論法は、あらゆる主張を単なる「感想」へと相対化し、客観的な真実について語ることを不可能にする。現代社会は、そうした確かな拠り所のない言論状況に置かれているのだ。

ここから次のような発想が生まれてくることは、容易に想像できる。この世界にすべての人が合意できる客観的な真実などない。真実は、人がそれをどのように眺めるかによって、変わってしまう。そうであるとしたら、何らかの自分の主張に関して、他者からその妥当性を覆すようなエビデンスを突き付けられても、無視すればよい。

近年、このように真実の概念そのものが相対化され、その客観性が軽視される状況は、「ポスト・トゥルース」と呼ばれる。そこでは、深刻な形で詭弁が蔓延している。

ポスト・トゥルースとは何か

「ポスト・トゥルース（post-truth）」という言葉が最初に用いられたのは、一九九二年にセルビア系アメリカ人の劇作家スティーヴ・テシックが発表した論考であるとされている。その議論は、今日の状況を考える上でも、大いに参考になる。

テシックはそのなかで、湾岸戦争へと突入していく当時のアメリカ政府と世論の相互作用から、今日における権力と真実の関係を分析している。彼によれば、当時のアメリカ国民は自尊心を失っており、政府にとって戦争はそれを回復させる好機だった。当時の大領領であったジョージ・H・W・ブッシュは戦争を正当化するために国民に対して公然と嘘をついた。ここまではまだ理解することができる。そして、常識的に考えるなら、ブッシュは周到な隠蔽工作を行い、国民に対して嘘が露呈しないように苦心する、と予想されるだろう。もしも嘘がばれてしまったら、それは政権にとって大きなダメージになるはずだからだ。ところがブッシュは、そうした工作をしなかった。当然のことながら、彼の嘘は簡単に露見し、それが大きなスキャンダルへと発展していった。

テシックが注目するのは、ブッシュが嘘をついたことではなく、その嘘を隠そうとしなかった、ということである。そこに示唆されているのは、嘘が露見しても構わないと考えられていたこと、つまり政府がもはや「真実を恐れなくなった」ということである。なぜ、政府は真実を恐れなくなったのか。それは、「真実が私たちに与える影響がほとんどない」と見なしていたからだ。つまり、たとえ真実を知ったとしても、世論が政府を批判することなどないと、政権が考えていたからだ。

なぜ、世論は政府の嘘を批判しないのだろうか。それは、たとえ嘘であったとしても、湾岸戦争の「物語」によって国民が自尊心を回復できるからである。その物語を嘘として批判することは、それと引き換えに、国民が再び自尊心を失うことを意味する。このとき国民には、真実を重視して自尊心を失うか、自尊心を重視して嘘を受け入れるか、という二者択一が迫られる。そして当時のアメリカ国民は、後者を選んだのである。テシックは次のように述べる（筆者訳）。

私たちは急速に、全体主義の怪物たちが夢想することしかできなかったものの試作品（prototypes）になりつつある。これまでの独裁者たちは、真実を抑制することに懸命に取り組まなければならなかった。しかし私たちの行動は次のように証言している。すなわち、私たちにはもはや真実が必要ない、私たちは真実の意義を剝奪できる精神的なメカニズムを手に入れた、ということだ。非常に根本的な意味で、自由な人間として、私たちはポスト・トゥルースの世界で暮らしたいと、自ら決断したのだ。[*1]

テシックによれば、情報の真実性が重視される時代が「トゥルース」の世界であるのに対して、真実よりも、私たちの自尊心を満たしてくれる情報が重視される時代が、「ポスト・トゥルース」の世界である。注意するべきことは、ポスト・トゥルースは、単に権力が嘘をつく世界ではなく、その嘘を隠そうとすらしなくなり、その結果、嘘をついているか否かということが、もはや重要ではなくなってしまう世界である、ということだ。

トランプ現象

もっとも、ポスト・トゥルースという言葉はすぐに普及したわけではない。この言葉が注目を集めるようになるのは、二〇一六年においてである。この年、アメリカでは大統領選挙が行われ、民主党を代表するヒラリー・クリントンと、共和党を代表するドナルド・トランプが争った。結果的に、選挙はトランプの勝利に終わったが、彼はその過程で、事実と異なる主張を繰り返したことで、話題となった。

いくつか例を挙げるなら、実際には四・九%であった当時の失業率を、四二%であると述べたり[*2]、バラク・オバマ元大統領がイスラム過激派ISISの「創始者」であると述べたりした[*3]。また、大統領に就任したトランプは、その一年目において「欺瞞に満ちているか、または誤解を招く発言」を「計二一四〇回[*4]」行ったという。

こうした発言の真偽は、少し調べれば、あるいは調べるまでもなく、嘘であると判明するものばかりだった。しかし、トランプは自分の発言が嘘ではないことを証明するための工作をほとんど何も行っていなかった。彼は、自分の発言が嘘だと思われることに、まったく関心を寄せなかった。それは、たとえ嘘であったとしても、その発言が世論に対して政治的な影響力を持つということを、知っていたからである。この意味で彼の態度は、テシックの言うポスト・トゥルースの、一つの先鋭化であったに違いない。

二〇一六年、オックスフォード英語辞書は、「今年の言葉」として「ポスト・トゥルース」を選出した。そこでこの言葉は次のように定義されている。

〝世論を形成する際に、客観的な事実よりも、むしろ感情や個人的信条へのアピールの方がより影響力があるような状況〟について言及したり表わしたりする形容詞*5

もちろん、一九九二年と二〇一六年とでは、まったく同じ状況に置かれているわけではない。その違いはいったいどこにあるのだろうか。

日本近代文学研究者の日比嘉高は、二〇一六年を大きく特徴づける要素として、情報環境の変化を挙げている。インターネットが普及し、ソーシャルメディアが発達した現代において、人々はある種の情報過多のなかで生きている。政治・健康・環境・経済などの様々な分野に専門家がおり、その意見はしばしば対立することもある。特にインターネット上では、専門家と素人の発言の境も曖昧になる。このような環境のなかで、人々は、そもそもどの情報を信じたらよいのかが分からなくなっていく。

情報過多の状況にあるからこそ、正しい情報を取捨選択する能力、いわゆるリテラシーが重要であると言われている。しかしそれは容易に身に付くものではないし、情報について判断するためには経済的・時間的コストもかかる。

このような環境において、人々は自分が信じたい情報を信じるようになってしまう。なぜなら、情報そのものを見ても、その正誤は判断できないため、そもそも正誤が情報を評価する基準ではなくなってしまうのだ。それに取って代わるのは、その情報を信じたいか信じたくないか、という情念なのである。

人々が、自分の信じたい情報だけを信じている、という状況は、一九九二年と二〇一六年の間で違わない。違いがあるとしたら、今日において、そうした情念の支配が、情報過多によって引き起こされているということだ。この問題については、次章において、より詳しく論じることになるだろう。

しばしば、ポスト・トゥルースの問題が論じられるとき、それはリベラル派の立場から、保守派の言説を批判するという仕方で展開される。特に、トランプがアメリカにおける保守派をある種戯画的に代表する存在であったことから、その印象は決定的になった。ポスト・トゥルースは、保守派に特有の問題であり、それはリベラル派と無縁であると考えている人も、少なくないかも知れない。

しかし、日比が指摘するような情報過多の状況そのものは、リベラル／保守といった政治的な立場によって異なるものではない。保守派の人々がそうであるのと同様に、リベラル派の人々もまたそうした状況に置かれている。したがって、リベラル派の人々もまた、自分が信じたいと思っている情報を信じ、その情報の正誤を意に介さない、という事態もまた、十分に起こりえると考えておかなければならない。日比は次のように指摘している。

> トランプ氏の戦略〔…〕が示している、PC〔Political Correctness：政治的な正しさ＝筆者〕派は建前優先の嘘つきだという感覚に注目しよう。左派的な価値観をもって、ポスト真実の政治や時代を批判的に見る人たちは、嘘は彼らの敵対者の側に

——つまりトランプ氏やEU離脱派、安倍政権、およびそれらの支持者たちに——のみあるのだと考えるかもしれない。だが、事態は反対側からも見る必要がある。トランプ支持派からすれば、オバマ政権やその後継としてのヒラリー・クリントン氏を支持する人々は、誠実ではないのである。[*6]

日比はここで、保守派を擁護しているのではない。そうではなく、リベラル派が決して嘘を支持することはない、と思い込むことによって、かえって、自分自身の状況を見誤る可能性があると指摘しているのである。なぜなら人々は、無自覚のうちに、信じたい情報を正しいと見なしているかも知れないからであり、言い換えるなら、自分が正しいと思っている情報が、実はそれが正しい情報であると信じたかっただけだった、ということを、そもそも自覚していないかも知れないからだ。

ポストモダニズムの悪用

評論家のミチコ・カクタニは、ポスト・トゥルースが蔓延する時代の背景に、ポストモダニズムの思想の影響を指摘する。

ポストモダニズムとは、主として一九七〇年代に流行した現代思想の潮流である。カクタニによれば、それは「人間の知覚から独立して存在する客観的実在を否定し、認識が、階級、人種、ジェンダー等のプリズムによってフィルタリングされていると主張」し、「客観的実在が存在する可能性を否定し、真実という考えを視点や立場の概念に置き換える」という点に特徴を持つ。つまり、すべての人間にとって等しく妥当する真実は存在せず、何が真実であるかは、その事象をその人がどんな立場から眺めているかによって、変わってしまうということだ。

そもそも、近代以降の哲学は、普遍的な妥当性を持つ真理を追究し、その条件として、人間を理性的な存在として捉えてきた。しかし、そうした理性の偏重は、西洋の帝国主義[*7]をもたらし、人類の歴史に惨禍を引き起こしてきた。こうした出来事への反省が、近代（＝モダン）を乗り越える思想としての、ポストモダニズムを要請した。理性の偏重は、近代西洋という特定の文脈において成立した思想なのであり、決して普遍的な妥当性を持つものではない。理性を絶対視し、西洋から眺めて非理性的であるかのように見える地域を「周縁」に位置する他者として捉え、そうした他者を「啓蒙」することを口実とした植民地化は、暴力に他ならない。それが、ポストモダニズムの基本的な発想である。

近代的な西洋中心主義を批判する思想として、ポストモダニズムが重要であったことは明らかである。しかし、カクタニによれば、それは真実を意図的に軽視しようとする人々によって、悪用されるようにもなった。

すべての真実が不完全（および個人の視点の結果）だというポストモダニズムの主張は、ある出来事を理解したり表象したりするうえで数多くの正当な方法があるという、関連する議論に繋がった。それは、より平等主義的な議論を促し、過去に権利を剝奪されていた者たちの声が聞こえるようにもなった。しかし同時に、侮蔑的な、または反証済みの理論の擁護に、そして同等に扱うことができないものを同等に扱おうとする者たちによって悪用されてきた。[*8]

すなわち、あらゆる真実が、それを眺める人の立場によって条件づけられるなら、「私」にとってはとても真実だとは思えない主張も、その主張をしている人にとっては真実である、と認めざるをえなくなる。したがって、たとえそれが「侮蔑的」で「反証済みの理論」であったとしても、「私」にとって真実であると思える主張と「同等」に扱うべきだ、という主張を、ポストモダニズムは正当化するのである。実際、カクタニによれば、「悪名高いオルタナ右翼のトロールで陰謀論者のマイク・セルノビッチ」は、ポストモダニズムの思想を学んだと得意げに公言しているという。

ポストモダニズムの思想は、前章で検討されたクーンのパラダイム論と、ある意味でよく似ている。彼は、あらゆる科学的な探究は、その時代の科学者によって共有されるパラダイムによって条件づけられており、そしてそのパラダイムは客観的な真実に基づいているわけではない、と考えた。同様に、ポストモダニズムにおいて、あらゆる真実はそれが語られる歴史的・社会的・文化的文脈によって条件づけられているのであり、そうした条件から独立した客観的な真実は存在しない、と考えられる。このような発想が悪用されることで、ポスト・トゥルース的な状況が強化される。嘘に対して、客観的な真実によって反論することは、最初から無効化されてしまうのである。

しかし、両者の間には違いもある。たしかにクーンは科学的な真実を条件づけるパラダイムについて論じたが、しかしそれは、そのパラダイムに馴染まないものを最初から無視することを正当化する概念ではない。現実の世界では、パラダイムとは馴染まない変則事象が出現し続けるのであり、それに対してパラダイムを維持するために、変則事象を説明しうる理屈を考え続けることが、科学的探究の営みなのである。それに対して、自分の信じる世界観に馴染まない情報は嘘だと断定する、カクタニの言う悪用されたポストモダニズムは、そうした努力をまったく伴わないものである。

実際、ポスト・トゥルースは、科学を不当に軽視する時代でもある。たとえばトランプは、国内の経済発展を優先するために、オバマ前政権が取り組んできた地球温暖化対策を撤廃し、気候変動対策の国際的な規約である「パリ協定」からも離脱したのであった。

反動としての「新しい実在論」

哲学者のマルクス・ガブリエルは、こうした時代の状況を次のように診断している。

我々は昔から、人間の理性（rationality）を良きコンセプトとしてきました。人間の理性こそ、重要視されるべきことです。しかし現代では、これが無視されてしまっています。近年よく言われるようになったポスト・トゥルース（ポスト真実）とかポスト・ファクト、オルタナティブ・ファクト（代替的事実）といった言葉に、それが現れています。人々は、何がフェイクで何がフェイクでないかを見極めるために対話を重ねるのではなく、**何が真実であるかなんて重要ではないのだから基本的にはすべてがフェイクだと思え、**という考えで話をしています。

でも実際は、何が真実であるかということは重要です。というのも今我々がリアリティを破壊しつつあることを考えると、人類は二〇〇年以内に死に絶えかねないからです。[*9]

ガブリエルによれば、ポスト・トゥルースの時代とは、「理性」が軽視される世界である。それは、ポストモダニズムの思想によって、理性への偏重が近代西洋の暴力性として批判されたことの、一つの帰結でもある。しかし彼は、人間の理性が「重要視されるべきこと」であるという立場を、改めて強調する。そうした視点を見失ってしまったら、「人類は二〇〇年以内に死に絶えかねない」。だからこそ、私たちは改めて理性を重視する哲学を構築しなければならない。

このような観点から、ガブリエルは「新しい実在論」という思想を標榜《ひょうぼう》し、それによってポスト・トゥルース的な状況の打破を試みる。

彼の新しい実在論の要諦は、次の二つの基本的な主張によって成り立っている。第一に、

「**あらゆる物事を包摂するような単一の現実は存在しない**」。言い換えるなら、私たちが現実として理解しているものは、常に「意味の場」と呼ばれる場所に出現するのであり、そしてその場は一つではなく、複数存在するのである。[*10]

たとえば虹について考えてみよう。キリスト教において虹は神の意志の表れとして理解される。しかし、現代の科学において、それは光が大気中の水分を通過する際に特徴的な模様を作り出す光学現象として理解される。このとき、どちらが現実として認められるべきなのだろうか。ガブリエルの発想に従うなら、どちらも現実である。両者が異なっているように見えるのは、それが異なる意味の場に現れているからだ。すなわち、前者はキリスト教を場とし、後者は科学を場としている。しかしその違いは、一方が現実であり、他方が現実ではない、と主張する論拠にはならない。キリスト教において虹が神の意志の表れであることは現実であり、そしてそれとまったく同様に、科学において虹が光学現象であることもまた現実なのである。

このとき、一方の現実を他方の現実に還元することはできない。だからこそ、「単一の現実は存在しない」のである。この世界には常に複数の現実が並列して存在している。それがガブリエルの基本的な発想である。

そして、第二の前提は、「**私たちは現実をそのまま知ることができる**」ということだ。言い換えるなら、ある人が現実だと理解している事柄について、「それは本当は現実ではない」と言い返すことはできない。なぜなら、そのように言うことは、その人の現実を構成している意味の場を否定することになるからである。前述の通り、意味の場は複数存在しうるのであって、「私」にとっては現実ではないことも、その人が生きている意味の場では、現実でありうる。私たちが現実だと思うことは、それが何であれ、現実なのである。[*11]

こうした思想に基づくことで、ポスト・トゥルースは打破されうる、とガブリエルは主張する。

我々が今ポピュリズムや独裁主義の形で目の当たりにしている現象には、まだいい呼び名がついていませんが、政治タイプの変化として多くの人が経験していることは、このリアルとフェイクの境界線の脱構築（deconstruction）に深くつながっています。繰り返しになりますが、この境界線を再度明確に引くのが「新しい実在論」です。「新しい実在論」は、現代イデオロギーへのもっとも痛烈な批判になります。[*12]

しかし、果たしてそれは本当だろうか。素直に考えれば、ガブリエルの新実在論は、むしろポスト・トゥルースの状況を理論的に正当化することになるのではないか。

第一に、ガブリエルは、あらゆる現実は複数の意味の場に基づいており、したがって現実は複数存在する、と主張する。しかしそれは、まさにポスト・トゥルースの状況そのものではないだろうか。トランプが嘘を真実であるかのように主張するとき、ガブリエルの実在論は、「トランプはトランプの意味の場にいるのであり、トランプの主張もまた現実である」ということを認めることになるだろう。それはトランプの嘘を正当化することにしかならないだろう。

たしかに、新しい実在論は、フェイクニュースを許さない思想ではあるだろう。なぜなら、唯一の現実など存在しないのだから、そもそもいかなるニュースも「フェイク」になりえないからである。したがって、自分とは異なる主張をする人をフェイクだと言って切り捨てる態度は、たしかに克服されるかも知れない。

しかし、それがガブリエルの考える理性的な対話を促すとは思えない。むしろそうした発想は、「みんな違う現実を生きているんだから、どうせ話し合っても分かり合えないだろう」という発想を醸成するように思える。

第二に、ガブリエルはポスト・トゥルースが批判されなければならない理由を、人類の絶滅の回避に求めているが、これは脆弱な論拠である。もちろん、人類の絶滅を回避することは重要である。しかし、それはすべての人々から支持されると考えられるほど、自明な前提ではない。たとえば、南アフリカの哲学者であるデイヴィッド・ベネターに代表されるように、そもそも人類はこの世界に生まれてくるべきではなく、段階的に絶滅していくべきであると主張するような、反出生主義の立場の人々にとって、この前提は共有されえないだろう。[*13] そうした立場から眺めるなら、ガブリエルの実在論は、特定の立場から要請された思想であって、決して普遍的な妥当性を有するものではない。この意味において、この思想もポストモダニズムを決して乗り越えられるものではないのである。

なぜ客観的な真実が重要なのか

ポスト・トゥルースへの批判的な言説に対してしばしば散見されるのは、客観的な真実が軽視されている時代だからこそ、改めて何が真実であるのかを確かめることが必要になっている、という主張である。しかし、これだけでは提案として十分な説得力は備わっていない。なぜなら、真実を確かめることが必要ではないと思われているからこそ、ポスト・トゥルースの時代が出現しているからだ。それを乗り越えようとするなら、私たちは、なぜ客観的な真実を探究しなければならないのか、ということを改めて説明しなければならない。その問いに対して有効な回答が示せない限り、ポスト・トゥルースを批判することはできない。

政治思想史研究者の百木漠《ももきばく》は、この問いに対して、政治思想家のハンナ・アーレントに依拠しながら、これに対して一つの回答を提示している。

百木によれば、アーレントは真理を「理性の真理 rational truth」と「事実の真理 factual truth」に区別した。前者は「物理的法則のように議論の余地なく、誰もがそれを真と認めることができるような」真理であり、それに対して後者は、「歴史的事実や現在および過去の出来事」に関する真理である。アーレントによれば、事実の真理はその本性からして政治的であり、誰がどのような立場からそれを眺めるかによって、解釈や評価に違いが生まれうるものである。[*14]

とはいえ、だからといって「事実の真理」は、誰もが自分の都合で好き勝手に決められるものではない。それは人々によって共有される「公共物」に基づいていなければならない。それはたとえば、「書籍・文書・新聞」などである。ある歴史的な出来事について自由な議論を交わすことができるためには、その歴史について書かれた何らかの文献を前提にしなければならない。それについてどんな解釈をするのも自由だが、そうした解釈が可能であるためには、解釈される文献がそこに存在しなければならないのだ。[*15]

アーレントはこうした公共物を、政治とは異なる原理によってもたらされるものとして理解する。政治の本質が言論であるのに対して、こうした公共物は制作によってもたらされる。そして、言論が他者との関係を必要とするのに対して、制作は一人でも行うことができる。この点で政治と制作は根本的に異なっている。

百木によれば書籍・文書・新聞などを生業とする人々――科学者、芸術家、歴史家、ジャーナリストなど――は「独り」で真理を探究する。それによって、「事実の真理」を「整理・提供・記録」し、それらを公共物として制作することによって、「政治の外側から政治に強い影響を与える」[*16]。その限りにおいてそれは、アーレントが指摘するように、「政治の領域と対立する側面を持っている」[*17]。

百木は、「事実の真理」に関してこのように政治を制約するものとして、「官僚が記録し保存する公文書」も数え入れる。それは、政治の領域において「意のままに変えることのできない事柄」であり、それを前提にすることによって、はじめて政治の領域において自由な言論を交わすことが可能になるからだ。公文書が失われれば、何が「事実の真理」であるかを突き止めることなど不可能になる。百木は次のように述べる。

のちのち政治家が答弁などで誤魔化そうとしても、公文書がモノとして保管されることによって、その事実を否定しようのない証拠としてそれが機能するだろう。概して、人間の記憶というのは不確かなものであり、たとえ騙したり嘘をついたりするつもりがなくとも、時間が経つと記憶が改変されていることは誰しもよくあることである。そうしたときに、公文書は政治過程を記録し、客観的な証拠として、事実を後世に伝える役割を持っている。「公共物」の一つとしての公文書が重要な意義を持つのはその点においてである。それは「人間が意のままに変えることのできない事柄」として、「政治の領域を制限」するのである。[*18]

したがって、公文書の破棄あるいは改ざんは、単なる嘘よりもはるかに深刻な犯罪行為である。公文書が存在すれば、私たちは何が嘘で何が真実であるかを検証することができる。しかし、それが失われれば、そうした検証の可能性そのものが奪われるからだ。

百木はポスト・トゥルースの時代に対する、より洗練された批判的応答を提示している。彼は、「事実の真理」に関して多様な意見がありうることを否定しない。しかし、そうした意見の多様性が可能であるための条件として、公文書の保管への責任を基礎づけるのである。この主張が説得力を持つのは、それが積極的に嘘を流布しようとする人々でさえも受け入れざるをえない要求だからである。

たとえば百木は、嘘をつきながらも開き直るトランプに対して、次のように応答をすることができるだろう。「私はあなたが嘘をついていると思うが、あなたはそれが真実だと言っている。よろしい。私たちは何が真実であるかについて異なる意見を持っている。しかし、そうであるなら、私たちがそれに関して異なる意見を持つところの公共物を、たとえば公文書を、私たちは守らなければならない。そうでなければ私たちは同じ事柄について意見を対立させることさえできないからだ。だから、トランプさん、あなたはあなたの意見が、少なくともあなたにとって真実だと思うなら、あなたも公文書を保管することに協力してください」と。

この意味において公文書の保管は、ポスト・トゥルースの状況によって相対化されえない責任として理解することができるだろう。

＊1　Steve Tesich, A Government of Lies, *The Nation*, Vol. 254(1), 1992, 12-14.
＊2　東洋経済オンライン「トランプ対ヒラリー、『嘘つき』のたたき合い——どちらが手のつけられない大嘘つきか?」二〇一六年六月一三日（https://toyokeizai.net/articles/-/122352：二〇二四年一一月二一日閲覧）。
＊3　CNN.co.jp「トランプ氏、『オバマ氏はＩＳＩＳ創設者』クリントン氏反論」二〇一六年八月一二日（https://www.cnn.co.jp/usa/35087358.html：二〇二四年一一月二一日閲覧）。
＊4　ミチコ・カクタニ『真実の終わり』岡崎玲子訳、集英社、二〇一九年。
＊5　Oxford Languages, Word of the Year 2016（https://languages.oup.com/word-of-the-year/2016/：二〇二四年一一月二一日閲覧）。
＊6　津田大介・日比嘉高『「ポスト真実」の時代——「信じたいウソ」が「事実」に勝る世界をどう生き抜くか』祥伝社、二〇一七年。
＊7　ミチコ・カクタニ『真実の終わり』岡崎玲子訳、集英社、二〇一九年。
＊8　同書。
＊9　マルクス・ガブリエル『世界史の針が巻き戻るとき——「新しい実在論」は世界をどう見ているか』大野和基訳、ＰＨＰ研究所、二〇二〇年。
＊10　同書。

＊11　同書。
＊12　同書。
＊13　デイヴィッド・ベネター『生まれてこないほうが良かった——存在してしまうことの害悪』小島和男・田村宜義訳、すずさわ書店、二〇一七年。
＊14　ハンナ・アーレント『過去と未来の間——政治思想への8試論』引田隆也・齋藤純一訳、みすず書房、一九九四年。
＊15　同書。
＊16　百木漠『嘘と政治——ポスト真実とアーレントの思想』青土社、二〇二一年。
＊17　ハンナ・アーレント『過去と未来の間——政治思想への8試論』引田隆也・齋藤純一訳、みすず書房、一九九四年。
＊18　百木漠『嘘と政治——ポスト真実とアーレントの思想』青土社、二〇二一年。

第四章　集団分極化するソーシャルメディア

前章で述べた通り、ポスト・トゥルースという概念は、一九九二年に初めて語られ、そして二〇一六年に時代を象徴する言葉として広まった。しかし、この二つの時期の間には大きな違いがある。その一つが、情報環境の変化だった。今日において人々は、あまりにも大量で複雑な情報に接しているために、かえって何が真実なのかが分からなくなっている。だからこそ、自分が信じたい情報を真実だと思い込んでしまう。それが今日のポスト・トゥルースの状況を形成している。

そうであるとしたら、ポスト・トゥルースは決して特定の政治的立場と紐《ひも》づいたものではない。たとえばトランプは保守派の政治家だが、しかし、保守派だけがポスト・トゥルース的であり、リベラル派はそうならない、という保証はない。むしろ、自分だけはそうした状況には巻き込まれないだろう、と思い込むことは大いに危険である。なぜならそのとき、自分が、ただ信じたいだけの情報を真実だと思い込んでいるのに、その事実に気づくことさえできなくなってしまうからだ。

それでは、なぜ、情報過多はポスト・トゥルース的な状況を生み出すのだろうか。このことをより精緻に考える上で有用なのは、一九九二年と二〇一六年との間で、情報環境にもっとも大きな変化をもたらしたメディアの特性を分析することだろう。そこで本章では、ソーシャルメディアがもたらした人々の意見形成への影響を検討する。

ソーシャルメディアとは何か

本章がソーシャルメディアとして念頭に置いているのは、一般的にソーシャル・ネットワーキング・サービス（SNS）と呼ばれる、ユーザー同士の情報交換や交流が行われるプラットフォームである。

ソーシャルメディアは、ユーザーと情報を媒介するメディアの一つであるが、その仕方はマスメディアと大きく異なっている。マスメディアにおいて、情報の発信者と受信者ははっきりと区別される。たとえばテレビはマスメディアの一つだ。テレビの発信者、すなわち番組を制作する人と、その受信者、すなわちテレビを視聴する人は、基本的に分かれている。視聴者は、制作者が作った番組をただ一方的に受容するだけであり、自分で番組を制作することはない。したがって、こうしたメディアにおいて、伝えられる情報の内容は発信者の都合のよいようにコントロールされうる。

それに対して、ソーシャルメディアにおいて、人々は受信者であると同時に発信者になることができる。そこでは発信のコストが極めて低いのである。発信者の母数は増え、必然的に、発信される情報の総量も大きくなる。情報量の増加は、情報の選択肢の豊かさをもたらす。人々は、それまでマスメディアでは報道されてこなかったような情報と出会えるようになる。

たとえば、「私」が何かマイナーな趣味を始めたとしよう。「私」は情報を収集するためにテレビの番組を調べる。しかし、それに関する情報はほとんど放送されていない。しかし、ソーシャルメディアであれば、意外と同じような趣味の人がいることを発見する。そして、そうした人の発信から、有益な情報を得ることができる。これは、マスメディアに対してソーシャルメディアが持つ強みの一つだろう。

こうした情報の豊かさは、意見の多様性をもたらすように思える。つまりソーシャルメディアでは一つのテーマについて、マスメディアが放送するよりも、はるかに多様な観点から様々な意見が提示されるように思える。そして、そのように意見が多様になるにつれて、人々はそのテーマについてより公平で客観的な考察をできるようになると思える。

しかし、現実はそうなっていない。むしろソーシャルメディアは、私たちが知ることのできる情報を、マスメディアよりも制限するように作用する。私たちは、ソーシャルメディアを見ているときよりも、マスメディアを見ているときの方が、新しい情報に接することができるように思える。それはなぜだろうか。

その理由の一つは、まさに、そこではあまりにも多くの情報が発信されているからだ。その多さは人間が客観的に思考できる量の閾値を超えているのである。ソーシャルメディアにおいて示される圧倒的な情報過多を前にして、私たちの思考は停止する。そこには無限にも思える情報が存在する。しかし、私たちはその情報のすべてを知ることはできない。

私たちが知ることができる情報量が有限であるのに対して、メディアが無限とも思える情報を発信していること——これが情報過多と呼ばれる状況である。こうした状況に適応するためには、ソーシャルメディアの情報が、恣意的に取捨選択されなければならない。そしてそれは、その情報を知ることに先行して、行われなければならない。すなわち情報はフィルタリングされなければならない。

フィルタリングにはいくつかの方法がある。たとえば、特定のユーザーが発信する情報だけを表示させ、それ以外の情報を表示させないようにする、というものが挙げられる。「X」というサービスについていえば、「フォロー」という概念がそれに相当する。ユーザーは別のユーザーを「フォロー」することで、その別のユーザーが発信した情報を優先的に表示させることができる。また、そのようにして形成されたユーザー同士のネットワークのなかで、所与の情報を共有することもできる。

こうした機能によって、ユーザーは自分の知るべき情報だけにアクセスできるようになる。しかし一方で、それはソーシャルメディアの強みであったはずの情報の多様性を低下させることにもなる。重要なのは、「私」がある情報にアクセスできるか否かを左右しているものが、その情報の内容ではなく、「私」がどんなネットワークにいるのか、つまり誰と繋がっているのかという点にある、ということだ。人々がソーシャルメディアにおいて知りうる情報は、その人が帰属している集団によって左右されるのである。ここに、ソーシャルメディアに特有の閉鎖性が存在する、と言える。

アルゴリズムによる制御

こうした閉鎖性は別のシステムによって強化されている。それは、アルゴリズムに基づく情報の制御である。

前述の通り、ソーシャルメディアのユーザーはさしあたり情報過多の状態に置かれる。その問題を解消するために、プラットフォームはユーザーに表示される情報をシステムによって制御し、そのユーザーがどんな情報を求めているのかを、アルゴリズムによって解析する。そして、そうした関心に呼応するであろう情報を、ユーザーに優先的に表示するのである。

アルゴリズムの仕組みはサービスごとに異なっているが、大きく分けて、そこには二つの考え方があるだろう。

一つは、たくさんの人から見られている情報を、優先的に表示する、というものである。たとえば、今まで一度も検索したことがないのに、海外のドッキリ映像などが表示される場合、この仕組みが作用している可能性がある。そのとき情報の価値は、その情報の内容そのものではなく、それがいかに多くの人から見られているか、という点から評価されている。たとえば、世界でもっと深刻な政治的問題が起こっている場合であっても、大衆の目を引くドッキリ映像の方が、情報として需要があると判断されることは、当然のように生じうる。

もう一つは、それぞれのユーザー個人の関心に最適化された情報を表示する、というものである。このような最適化を図る方法は、色々ある。たとえば、それまでそのユーザーが検索していた情報と、同じ種類の情報を優先的に表示する、というのも、そのやり方の一つだろう。ずっとサッカーについての情報を調べていたら、いつの間にかサッカーの情報ばかりで画面が埋め尽くされていた、という事態が起きている場合、こうしたアルゴリズムが働いていることだろう。しかし、それだけではない。情報を類型化し、それがどのような属性のユーザーによって検索されているかを算出することによって、「私」と同じ属性を持つユーザーたちが検索している情報が、「私」にとっても需要がある情報として表示されることもある。

たとえば「私」が三〇代でサッカーが好きな男性であるとしよう。この世界には、「私」以外にも、三〇代でサッカーが好きな男性が存在する。「私」はそうしたユーザーたちと趣味嗜好や価値観を共有している、と考えられる。そこで、そうした人々が検索している別の分野の情報が、「私」にも表示される。たとえば、他の多くの三〇代サッカーファンの男性が時計の情報を検索している、という理由で、「私」に対しても時計の情報が表示されるかも知れない。自分が一度も検索したことがないのに、自分の関心があると考えられる情報が表示される場合、こうしたアルゴリズムが働いているに違いない。

これらのアルゴリズムは、基本的には複合的に組み合わされていることだろう。しかしそれは、「みんなが知っていること」「あなたが知りたいこと」のなかへと、ユーザーを閉じ込めていくことになる。この二つの条件から外れる情報――みんなが知らないことで、あなたが知りたいとも思っていないこと——は、最初から「私」の前に表示されない。

しかし、もしかしたらそうした情報には大きな価値があるものも含まれるかも知れない。たとえば、ルネッサンスの宗教絵画において、天使が床の上に立っているのか、それとも宙に浮いているのか、という違いが持つ意味は、みんなが知っていることではないし、筆者が知りたいことでもない。しかし、もしそれを知ったら、もしかしたら筆者の教養は素晴らしく豊かになり、それを知る前と後で、世界はまったく違って見えるかも知れない。その意味において、それは価値がある情報かも知れない。それでも、ソーシャルメディアにおいて、筆者はそうした情報と決して出会えない。なぜなら、そこで表示される情報は、その内容において価値がある情報ではなく、みんなから見られている情報であるからだ。その基準に該当しない限り、情報に価値はないのだ。

集団分極化

以上のような特性を持つソーシャルメディアにおいて、多くの人々から認知される情報は、その事実によって、さらに多くの人々に認知される可能性を持つことになる。

法学者のキャス・サンスティーンは、「ある特定の事実あるいは見解が、多数の人が信じていそうだという理由だけで、広くゆきわたる情報交換のプロセス」を、「サイバーカスケード」と呼ぶ。「カスケード」とは連続的に連なった小さな滝のことである。滝の水は上から下へ落下するが、その流れは不可逆である。それと同様に、一度広範な認知を獲得した情報は、滝の水が連続的に上から下へ落下するように、さらに多くの人々のもとへ届けられていく。そうした情報の「拡散」が始まってしまったら、その過程が自然に停止することはほとんど起こりえないのだ。[*1]

サンスティーンは興味深い実験を紹介している。ある研究チームが、一万人以上を研究参加者として募った。研究参加者は、ある新しいバンドによって演奏された数十の楽曲を提供され、それらを試聴した上で、興味を持った楽曲を選んでダウンロードし、それに対する評価を求められた。[*2]

その際、研究参加者は二つの群に分けられた。一つの群では、別の参加者の行動に関する情報を遮断される群である。この群に属する研究参加者は、どの楽曲がどれだけダウンロードされているのかを知らず、楽曲の選択やそれに対する評価を、自分だけの判断で行わなければならない。

それに対して、もう一つの群では、研究参加者が八つのグループへと無作為に割り当てられ、そのグループのなかでどの楽曲が何回ダウンロードされているのかを見ることができた。

この実験の目的は、二つの群の間で、楽曲のダウンロード数や評価にどのような違いが生まれるかを明らかにすることだった。それによって、私たちの選択がどの程度、他者の認知によって影響されるのかを検証することが、この実験の狙いだった。

結果は極めてはっきりとしたものになった。第一の群では、楽曲に対する評価にまとまりはなかった。しかし第二の群において、研究参加者がダウンロードする楽曲には一定の傾向が見られた。それは、自分が帰属しているグループのなかで、すでに何度もダウンロードされている曲を、自らもダウンロードする、というものだ。しかし、それぞれのグループの間で、どの楽曲が人気を博するかは、一致しなかった。あるグループでは何度もダウンロードされた楽曲が、別のグループではほとんど注目を集めないこともあった。

ある楽曲が人気を博するのは、その楽曲それ自体が魅力的であるからではなく、自分が帰属しているグループで他の人もその楽曲を聴いているからである——それがこの実験から示唆されることだった。

サンスティーンは、ソーシャルメディアにおける情報の拡散もまた、同じようなプロセスによって引き起こされると考える。つまり人々は、自分が帰属する集団において認知されている情報を、自らも認知しようとする。その結果、集団によって人々が認知している情報はまったく異なる、という奇妙な現象が引き起こされる。サンスティーンは、こうした現象を「集団分極化」と呼ぶ[*3]。

ある情報が認知されるのは、その情報それ自体に価値があるからではない。みんながその情報を認知しているからである。たとえばその情報が悪意によって作られた嘘だとしても、その情報が集団のなかで共有されているなら、人々はその情報を積極的に認知してしまう。しかも、他の情報は遮断されるのだから、そもそもその情報の真実性を判定することと自体ができない。したがって、集団分極化するソーシャルメディアは、その内的な構造に従って、嘘の拡散を容易に引き起こす情報環境なのである。そうした環境が準備されたからこそ、トランプの詭弁が圧倒的な力を持つに至った。この意味において、ソーシャルメディアとポスト・トゥルースは、密接に関係しているのである。

インプレッションの政治性

人間は、自分の帰属している集団において知られていることを、優先的に知る。それがソーシャルメディアにおける集団分極化の現象である。そうであるとしたら、ここから次のような反対方向の推論も成立する。つまり、ある人がある情報を知っているのは、その人が、そこでその情報が知られているような集団に帰属しているからだ、と。すなわち、ある人が何を知っているのか、ということから、その人がどのような立場に加担しているのかが、判断されるのである。

たとえばSNSにおいて、ある人が、保守的な言説を発信するコンテンツをシェアしていたとしよう。この人は、ただその事実だけで、周囲からその人自身が保守的な立場に属する人である、と判断されるかも知れない。なぜなら、その人が保守的な言説を知っているということは、その人が保守的な言説が共有されるような集団に帰属しているから、つまり保守派だから、と推論されるからだ。そしてその人は、保守的な言説に反対する立場の人々から、たとえばリベラル派の人々から、「敵」として認定されてしまう。

しかし、もしかしたらこの人は、決して自らが保守的な立場なのではなく、むしろリベラル派の立場から、保守派の言説を批判的に検討するために、その情報をシェアしていたのかも知れない。あるいはその人は、保守的な言説を発信するアカウントをフォローしているかも知れないが、それは保守派の動向を注視し、現在の言論状況を俯瞰するために、そうしているのかも知れない。しかし、集団分極化するソーシャルメディアにおいて、こうした態度は理解されがたい。リベラル派なら、リベラル派のアカウントをフォローし、リベラル派のコンテンツをシェアするのが自然だと、考えられているからである。

このように判断されることが、必ずしも誤解であるとは限らない。なぜなら、集団分極化するソーシャルメディアにおいて、情報の価値はそれがいかに多くの人々から認知されているのか、という点にあるのだから、保守的な言説のコンテンツを発信する人は、保守的な言説が影響力を持つことに寄与し、それによってこの言説の価値を高め、その立場の勢力拡大に加担しているからだ。

ソーシャルメディアにおいて、ある情報の認知は、「インプレッション」と呼ばれる。インプレッションは単純な回数として計測され、そのままその情報の影響力の指標となる。その情報がどのような意図で拡散され、どのように評価されているのか、ということは、インプレッションに影響しない。そして、インプレッションの増加は、その情報の影響力の強化と相関する。

そうであるとしたら、敵対する立場の情報を知ること自体が、その立場のインプレッション数を増加させ、相手に利することになる。つまり自分の立場を間接的に裏切ることになる。そのような状況を回避するために、唯一取りうる対処は、そもそも自分と敵対する立場の情報を認知しないことである。

このように、インプレッションの持つ政治性は、ソーシャルメディアにおいて多様な意見を吟味して客観的に物事を判断する可能性を、むしろ蝕んでいく。人々は、ますます、自分が帰属する集団で共有される情報だけを認知し、それ以外の情報を認知しないようになる。このようにして、ソーシャルメディアの閉鎖性は、いっそう強化されていくのだ。

コンテンツの過激化

インプレッションは政治性を持つ。ある情報が社会に及ぼす影響力は、その情報の内容が何であるかではなく、それが何回認知されたか、という数に依存する。

そうである以上、ソーシャルメディアで社会に影響力を及ぼしたいと考えている人にとって重要なのは、その情報の内容が高品質なのか、ということではなく、それがどれだけ多くの人から認知されるのか、ということだろう。そうしたコンテンツを少ないコストで制作するとしたら、その内容は、人々が思わず注目してしまうようなものにするのが合理的である。たとえば、動画コンテンツとしてある情報を発信するのだとしても、ただ淡々とその情報を説明するのではなく、誰かが激怒していたり、号泣していたりする方が、視聴者の注目を集める。そうしたコンテンツは、たとえ内容そのものが薄くても、インプレッション数を稼ぐことができる。そのようにして、コンテンツは過激化していくのである。

コンテンツの過激化は、コンテンツの質的劣化を招く。たとえばそれは「タイトル詐欺」と呼ばれる現象に典型的に表れる。穏やかに会話がなされているだけの動画なのに、その動画のなかで譬《たと》え話として出ていた過激な言葉が、そのままタイトルに使われてしまう、などといった事態である。視聴者はタイトルにつられて内容を閲覧した結果、その内容にがっかりする。それでも、それは発信者にとって何の問題にもならない。なぜなら発信者の目的は、認知を獲得し、インプレッション数を増加させることであるからだ。したがって、集団分極化するソーシャルメディアにおいて、タイトル詐欺は当然のように横行するようになる。

その一方で、もっと直接的に暴力がコンテンツ化されることもある。出演者の間で口論が始まったり、殴り合いが起きたり、あるいは一方が他方を一方的に叱責したり、論理的に詰めたりする動画は、再生数が稼げる。そのような映像を前にすると、私たちの視線は思わず釘付けになる。その動画が視聴に値するか否かを判断する前に、視聴を始めてしまうのである。

おそらくそこには、私たちが持つ、動物的な自己保存の本能が介在している。私たちは、自分自身の生命を維持するために、それを脅かす危険に対して敏感に反応する。人間は赤い色に対して自然と注意力を引き付けられるが、それは人間の血液が赤く、赤い色から流血を連想し、そこに危険を感じるからだ。あるいは、道を歩いているときに目の前にボールが転がってくれば、自然とそちらに注意が向かうが、それもまた私たちの本能によるものだろう。そのとき私たちは、ボールを見ようと判断してからボールを見ているわけではない。気が付いたときにはすでにボールを見てしまっているのである。

暴力的なコンテンツは、このような仕方で、私たちの自己保存を脅かすことによって、認知を獲得しようとする。重要なのは、その暴力が直接的に受信者に向けられたものでなくても、私たちの本能が刺激される、ということだ。たとえば画面のなかで、誰かが誰かに暴力を振るっているとき、「私」はその暴力を向けられている誰かが、自分だったらどうしようと連想する。それによって、自然と防衛的な態度を取ろうとし、危険を避けるために動画に対して釘付けになるのだ。いわゆる「迷惑系」と呼ばれる動画コンテンツが認知を獲得している理由は、このような形でしか説明できないように思える。

しかし、そうした暴力は同時に視聴者に優越感を与えるようにも機能する。たとえば、動画のなかで暴力が振るわれているとき、視聴者は自分が暴力を振るわれている状況を想像すると同時に、暴力を振るう側へと自分を同一化させる。それによって、視聴者はその暴力を脅威に感じながら、同時に暴力を振るうことのできる優越感を抱くのではないか。

このように考えるなら、詭弁によって論破芸が展開されるコンテンツは、極めて拡散されやすいコンテンツの様式である、と考えられる。そうしたコンテンツを見たとき、視聴者は、一方にいて自分が相手から論破されている気持ちになり、脅威を感じる。しかし、それと同時に、そのように相手を論破している側へと自分を同一化させ、優越感を抱く。この二重の作用によって視聴者は論破のシーンに釘付けになる。

ここで重要なのは、論破の魅力はそこで真実が明らかになるという点にあるのではなく、それが一つの暴力として作用する点にある、ということだ。論破された者は、いわば拳《こぶし》で殴られるように、傷つけられ、力を失ってしまう。その暴力性が視聴者の目を引くのだ。

たとえば、YouTubeではしばしば「切り抜き」と呼ばれる手法で、長時間の動画のなかのワンシーンだけが抽出され、別の動画として拡散される。そこでは論破が起きる瞬間だけが切り抜かれることがある。前後の文脈を理解しなければ、その論破によって何が明らかになったのかは、分からないだろう。しかし、視聴者にとってそれは重要ではない。なぜなら、重要なのは論破という暴力が発生することであるからだ。

この意味において、ソーシャルメディアは詭弁を生みやすい環境である。そこでは、情報を拡散させるために暴力的な論破が要求されるからだ。より多くの認知を獲得するためには、より説得力のある論破ではなく、より暴力的な論破が求められるのである。

たとえば、桜井誠によって二〇〇六年に設立された「在日特権を許さない市民の会」は、公の場で「朝鮮人を日本からたたき出せ」[*4]といった威圧的な言動を繰り返し、その様子を動画化してソーシャルメディアで投稿した。動画は瞬く間に拡散し、多くの人々から視聴されることになった。そのインプレッション数は、そのまま、この組織の社会的な影響力の拡大に貢献した。

二〇一四年には、当時の橋下徹大阪市長と桜井が、記者団を前にしてヘイトスピーチに関する公開の議論を行ったが、冒頭から激しい口論になり、桜井が席を立って橋下に摑みかかろうとしたため、一〇分足らずで終了した。その様子もまた、ソーシャルメディアで拡散し、共同通信によって配信された。[*5]動画は、二〇二五年現在、一九九万回以上再生されている。

ただし、このように言動が過激化していくということは、特定の政治的な立場に根差したものではなく、あくまでもソーシャルメディアの環境によって促されたものである、という点に、注意が必要である。たとえば、右の議論で桜井と対立し、ヘイトスピーチを批判した橋下もまた、桜井を「お前」と呼び、威圧的な言動を行っていた。また彼は記者会見において、新聞記者を度々威圧しており、その様子を映し出した映像もまたソーシャルメディアで拡散されている。

切り抜かれる議会

近年の政治家には、こうした情報環境をより巧みに利用しようとする者もいる。たとえば、広島県安芸高田市の元市長である石丸伸二は、二〇二二年六月に、議員定数を半減させる条例案を諮り、議会で否決された。その際、彼は「居眠りをする。一般質問しない。説明責任を果たさない。これこそ議会軽視の最たる例です。恥を知れ!恥を!…という声が上がってもおかしくない」と、強い口調でその場にいる議員を批判した。その様子の映像は、YouTube上で拡散され、特に「恥を知れ!恥を!」の部分は切り抜き動画として多くのインプレッションを獲得した。

石丸は自著のなかで、この発言はそもそもYouTubeで切り抜き動画として拡散されることを意図したものだった、と述べている。

実はこの「恥を知れ!恥を!」は、意図的に発言したものです。そこだけを切り取れば、確かにヒステリックに叫んでいるように聞こえるでしょう。しかし前後の発言を合わせて見ていただければ、私が感情的に発言しているのではないことがわかっていただけるはずです。

「居眠りをする」から「恥を知れ」までは、徐々にトーンが上がっていくように意識しました。「…」の部分は、あえて間を置いています。これは動画編集の際、切り取りしやすくするためです。そして「という声が」からは落ち着いたトーンで話すようにしています。いかがでしょう。前後をつなぎ合わせてみれば、決して感情的に発言しているのではないことがわかると思います。[*6]

議論において勝敗を判定するのは、その議論を眺めている第三者である。したがって、議員がその議会に居合わせている目の前の論敵ではなく、市民に向けて分かりやすい発信をすることには、何も問題はない。しかし、石丸の主張が極端であるのは、自分の発言が切り抜き動画として拡散されることを、最初から前提とし、それを目的として発言していることだ。「恥を知れ！恥を！」という発言は、それだけでは意味のない発言である。したがって、それを観たところで、視聴者には石丸の議論の正しさを判定することはできない。それでもこの動画が多くの認知を獲得したのは、それが暴力的な発言だからである。

もちろん、石丸はその切り抜き動画をきっかけにして、人々が安芸高田市に興味を持ち、議論の前後の文脈についても知ろうとするようになることを、目的にしている。しかし、その戦略が妥当であるかは定かではない。もしも、彼に本当にそうした目的があるならば、切り抜き動画をきっかけとして安芸高田市に関心を持ち、その日の議論の全体をわざわざ調べた人間が何人いるかを把握するべきだが、そうした調査が行われる気配はない。結局、彼の意に反して、「恥を知れ！恥を！」という切り抜き動画は、迷惑系ＹｏｕＴｕｂｅｒのコンテンツと同様の一時的な暴力動画として消費されただけである、という可能性も否めない。

問題なのは、こうした暴力によるインプレッション数の獲得が、実際的な政治的影響力を持ってしまう、ということである。これからも現在のようなソーシャルメディアの環境が維持されていくのだとしたら、今後、自らの政治的な目的を達成するために、それだけでは意味のない暴力的な動画を拡散する政治家が、何度も現れてくるだろう。しかし、それは公共性に対する大きな脅威である。なぜなら、そうした動画は、市民を言論によって説得するのではなく、その動物的な本能に訴えかけ、注意を奪うものでしかないからである。

石丸によれば、「これからの政治は〝エンタメ化〟が必要である」。なぜなら、「『市長と議会のバトルが面白そうだから』という理由でも、興味を持ってもらえるなら、無関心でいられるよりよほどいい」からだ。[*7] しかし、おそらく「恥を知れ！恥を！」の動画を消費していた多くの人々は、それを「市長と議会のバトル」として視聴していたのではなく、大の大人が顔を真っ赤にして怒鳴っている動画として視聴していたのではないか。そこに市長と議会の対立があるという構造的な問題に、どの程度の人が関心を寄せていたのだろうか。また、人々が政治に対して「無関心」ではなくなる方法は、他にも無数にあるのではないだろうか。その無数の選択肢のなかで、切り抜き動画による拡散は、ほとんど最悪の選択肢ではないだろうか。なぜならそれは、ソーシャルメディアの集団分極化を強化し、ポスト・トゥルース的な情報環境を再生産するからである。

＊1　キャス・サンスティーン『インターネットは民主主義の敵か』石川幸憲訳、毎日新聞出版、二〇〇三年。
＊2　キャス・サンスティーン『同調圧力——デモクラシーの社会心理学』永井大輔・髙山裕二訳、白水社、二〇二三年。
＊3　キャス・サンスティーン『インターネットは民主主義の敵か』石川幸憲訳、毎日新聞出版、二〇〇三年。
＊4　毎日新聞「元在特会代表に『脅迫的な言動しないで』」二〇一五年一二月二三日（https://mainichi.jp/articles/20151223/k00/00m/040/126000c：二〇二四年一二月二四日閲覧）。
＊5　共同通信「暴言飛び交い、10分で終了　橋下市長と在特会の面談」二〇一四年一〇月二〇日（https://www.47news.jp/260102.html）
＊6　石丸伸二『シン・日本列島改造論』フローラル出版、二〇二四年。
＊7　同書。

第五章　言語化コンプレックスの時代

詭弁の常套手段としてしばしば用いられるのは、本来なら繊細に論じられるべき複雑な議論を、単純な言葉に置き換えて表現し、それによって印象を操作したり、論点をすり替えたりすることである。特に、専門的で難しい議論を、極端に平易な言葉で表現することは、そうした効果を発揮する。

このように、複雑な問題を単純な言葉で表現する技法は、言語化とも呼ばれる。私たちが他者とコミュニケーションをする上で、言語化の能力が重要であることは言うまでもない。しかし、それが悪用されれば、言語化は詭弁の道具にもなる。特に、トランプの演説に特徴的な、留保のない断言は、彼の詭弁に力を与えているようにも思える。

ビジネスの領域においても、こうした言語化能力には大きな注目が集まっている。コピーライターの荒木俊哉によれば、「多くの『ビジネスパーソン』が言語化に悩んでいる」のであり、それは「言語化コンプレックス」と呼ばれる不安をもたらしているという。つまり、誰もが言語化能力を身に付けたいと思いながら、同時にそれが得られないことに苦しんでいる、ということだ。

このように、言語化能力が人々から強く求められている背景にあるのは、本書がこれまで論じてきた、ポスト・トゥルースの状況であるように思える。同時にそこでは断言が大きな力を持つ。その連関を、本章では考察していこう。

なぜ言語化が求められるのか

言語化とは何か。荒木はそれを説明するために、「何を言うか」ということと、「どう言うか」ということを区別する。前者が言語化の領分であり、後者はコミュニケーションの領分である。たとえば、ある企画についてプレゼンテーションするとき、その企画をどのような言葉で説明するのか、ということが言語化能力であり、そのプレゼンテーションでどう振る舞うのか、ということがコミュニケーション能力である。[*1]

言語化能力とコミュニケーション能力は必ずしも同一ではない。言語化が巧みであったとしても、話し方が上手くないために、相手に伝わらないことはありえる。また、どんなに話し方が上手くても、その内容が十分に言語化されていなければ、その話が相手に刺さることはないだろう。その意味において、言葉で相手に何かを伝えるためには、この二つの能力が両方とも必要である。

荒木によれば、現代社会はかつてないほど言語化能力が必要となった時代である。しかし、それはなぜなのだろうか。彼はその理由を明確に説明していないが、筆者の考えによれば、そこには大きく分けて二つの理由がある。

第一に、社会の変化がかつてないほど激しくなったからである。新しいテクノロジーの登場によって、既存の語彙では説明ができない事態や存在が数多く出現するようになった。「暗号資産」、「メタバース」、「ブロックチェーン」など、枚挙に暇《いとま》がない。そうしたテクノロジーは短い期間で社会に浸透し、市場の状況を刻一刻と変化させていく。しかし、それが既存の語彙によって説明ができない以上、私たちには自分が置かれている状況を理解することができなくなってしまう。それを可能にするためには、既存の語彙を組み替えたり、新たな語彙を創出したりするなどして、人々が理解できるように物事を説明できなければならない。だからこそ、言語化能力が必要になる。

第二に、そもそも物事を理解するための共通言語が私たちから失われているからである。これは、第三章において検討された、ポスト・トゥルースの状況と密接に関係する。現代社会において客観的な真実は、あくまでも「私」がそれをどのような立場から眺めるかによって、制約される。それは言い換えるなら、立場を超えて世界を説明するための普遍的な語彙が成立しなくなった、ということだ。

たとえば、中世ヨーロッパのように、キリスト教が普遍的な世界観として受け入れられていた時代には、今日のような言語化能力は、そもそも必要なかっただろう。なぜなら、世界は聖書の語彙によって説明できるからである。反対に、今日においてはそうした語彙が失われたからこそ、自分なりの言葉で物事を説明することが求められるのだ。

注意するべきことは、この第二の理由は、社会で新しい変化が起きているか否かと、基本的に関係がない、ということだ。既存の語彙で説明できない事態が生じるから、言語化が必要なのではない。すでにそれに対して言語化がなされている事柄についても、私たちは自分自身の視点から、それを言語化することを求められる。なぜなら、その事柄が何であるのか、ということは、それをどのような立場から眺めるかによって制約されるのであり、したがって言語化に正解はないからである。何をどのように言語化することもできるからこそ、言語化能力はかえって要求されるのだ。

言語化コンプレックス

クリエイティブディレクターの三浦崇宏《たかひろ》は、言語化が社会に及ぼす影響はかつてなく大きなものになっている、と指摘する。

インターネットとスマホの普及により、社会における情報の流通量は飛躍的に増加した。言葉を取り巻く状況は、10年前と比べるとかなり変わってきている。もっと言うと言葉で何かを動かしたり、変えられる可能性がますます広がっている時代だ。「言葉」の力はより強くなっていく。これこそ言葉にするまでもない確信が、ぼくにはある。[*2]

三浦が強調するのは、言葉によって事態を動かすことができるようになったのは、特定の領域の専門家ではなく、素人の人々である、ということだ。かつては、「作家」や「詩人」や「コピーライター」といった「言葉のプロ」が大きな影響力を発揮していた。しかし、ソーシャルメディアによって言葉に求められる役割は「共感」と「速度」へと変わってきた。そうした観点から考えるなら、専門家の言葉よりも、むしろ日常を生きる人々の言葉の方が、より大きな影響力を持ちうるのである。

したがって、現代社会においては、自分独自の視点から物事を言語化することが美徳として要求されている。客観的な真実として物事をどう語るべきか、ではなく、「私」自身がそれをどのように言語化するのかが、問われている。なぜなら、そこに問い合わせることで客観的な真実を確かめることができるような基準は、もう存在しないと思われているからだ。三浦によれば、「自分自身の人生から生まれ出てくる自分の言葉」こそが、「本当の言葉」なのである。[*3]

　しかし、それは大きな圧力となって機能することもありえる事態だ。自分独自の視点に美徳が見出される、ということは、言い換えるなら他者と同じことを言えなくなる、ということでもある。たとえば、ある物事について、世間で通用している客観的な評価があり、そしてその評価に「私」が深く納得していたとしても、その評価をそのまま語ることはできない。それは自分の言葉ではないからである。もしも世間的な評価を繰り返すだけであれば、「自分の意見がない人間」として低く評価される。[*4]

　また、三浦が指摘するように、言語化には「速度」が求められる。何かを言語化する必要があるとき、私たちは、それをただちに実行しなければならない。つまり言語化は原則的に即答でなければならない。他者は「私」が言語化する時間を待ってくれない。言語化能力が高い人間とは、何年もかけて自分の言葉を育む人ではなく、その場その場で瞬間的に人々の胸を打つことができる人、その意味で即興的であり、機転が利き、瞬発力のある人である、と言える。

しかし、普通に考えれば、独自性と速度は両立しない。ある物事について、世間的な評価とは違った仕方でそれを言語化するためには、長い時間をかけた熟慮や探究が必要となる。反対に、すぐに思いつくことができるような言葉に、独自性はない。したがって両者を同時に追求することはそもそも困難だ。その矛盾に引き裂かれることが、人々に言語化コンプレックスを喚起しているのではないだろうか。

人生のコンテンツ化

当然のことながら、言語化能力は自分自身について何かを語る際にも発揮されうる。そもそも、言語化によって期待されているのは、他人とは違う独自の視点なのだから、そのようにして語られた言葉には、必ず、語った人間がどのような存在なのか、ということが反映されているはずだ。この意味において言語化は、必然的に自分自身を語ることを含意している。

このような観点から三浦は、自らの人生をある種のコンテンツとして語ることの重要性を訴え、そのコンセプトを「LIFE is Contents」と表現する。それは、自分自身を何かの作品のように説明するということに他ならない。彼は次のように述べている。

文字通り、人生に起きるあらゆる出来事は、成功も失敗も何もかもコンテンツ、すなわちネタにすることができるということだ。それなりに一生懸命に生きていれば、辛い体験、ピンチだってあるだろう。だが、そんな苦境も、言葉が認識を変えてくれる。人生に起きるあらゆる出来事を言葉で語ることで、コンテンツにしてしまえば、前向きに捉えられるようになる。[*5]

人生のコンテンツ化は、いわば自分の人生を作品として客体化し、鑑賞可能な対象として、つまり「ネタ」として捉える、ということを意味する。それによって私たちは、人生において直面するネガティブな体験を、ポジティブに受容できるようになる。

なぜ、人生のコンテンツ化が体験の価値を変容させるのだろうか。簡単に言えば、コンテンツ化されたものは、「私」自身の語りであるにもかかわらず、「私」から切り離されるからである。コンテンツ化される以前には、「私」は自分自身と同化している。しかし、それをコンテンツ化することで、「私」はコンテンツとして語られた「私」と、そのコンテンツを語る「私」に分裂するのである。それによって、「私」はネガティブな体験を自分自身から切り離し、そこから距離を取ることができる。

これは、いわゆる俯瞰であったり、メタ認知と呼ばれたりするものである。その限りにおいて、この発想はそれほど新しいものではない。しかし、三浦によれば、重要なのはそれを言葉によって表現することである。なぜなら、言語化されることによって、「私」はコンテンツ化された自己を他者に向けて表現し、それを他者と共有できるからである。彼は次のようにも述べている。

何か嫌なことやトラブルがあっても「これでまた仲間に語るネタが1つ増えたな」あるいは「自伝の章立て」が増えたなくらいに考えるようになったのだ。自分の人生を、一つのコンテンツとして捉えたら、ネガティブなことさえ半笑いで受け入れられるようになる。これも言葉にしかできない、人生を前向きに切り替える力だ。[*6]

ネガティブな体験を「仲間に語るネタ」として捉えることが、人生のコンテンツ化である。ただし、このように他者との共有を目的とする、ということは、言語化のあり方に制約を与えもする。それは、自分自身から理解されるように言語化しなければならない、ということだ。たとえば、仲間に対して語ることを前提にするなら、仲間がどんな語彙で物事を理解しているのか、ということを把握していなければ、コンテンツ化された自己を共有することはできない。「私」はそのとき、まだ言語化されていない自分の体験を、仲間の間で共有されている語彙によって翻訳しなければならないのである。しかしその語彙は自分で選択できるわけではない。この意味において人生のコンテンツ化は、自らが属しているコミュニティの語彙によって、自分の人生が規格化されることを意味する。

断言の力

私たちは、一つの同じ事柄を、様々に違った仕方で言語化することができる。たとえば自分の人生について語ろうとするときにも、頭のなかで思案している限り、こういう見方もできる、ああいう見方もできる、と、様々な語り方の可能性が立ち現れるだろう。

しかし、仲間に対して語ろうとすれば、それを実際に声に出したり、ものに書いたりしなければならない。そのとき「私」は、頭のなかで浮動していた多様な可能性のなかから、一つを選択し、それ以外の可能性をすべて捨て、言語化する。この意味において、言語化は、表現の多様性を否定し、それを一つの表現へと限定することを意味する。

もちろん、それを曖昧にすることもできる。「それがすべてではないけれど、私は○○だと思う」といった風に。しかし、そうした表現は魅力的ではない、と三浦は指摘する。むしろ言語化は、潔く言い切るものでなくてはならない。つまりそれは「断言」でなくてはならない[*7]。

なぜ、断言することが必要なのか。それは、私たちがポスト・トゥルースの時代に生きており、客観的な真実によって答え合わせをすることができない世界にいるからだ。そこでは、言語化の可能性が頭のなかでは多様であるのと同じように、真実もまた多様である。「こういう見方もできる、ああいう見方もできる」ということが、「私」の頭のなかだけではなく、世界の方でも起こっている。そしてそれは、結局のところ物事をどのように判断したらよいのかを、分からなくさせてしまう。

断言は、そのように判断力が機能停止した状況に対して、明瞭な回答を示すことができる。断言されたことは、たとえそれが内容として疑わしいものであったとしても、断言してくれたという事実だけによって、価値を持つ。断言を聞いた者は、自分で考えたり、迷ったりする必要がなくなるからである。三浦は次のように指摘する。

時代が変化するスピードは加速している。社会やビジネスのルールもあっという間にアップデートされてしまう。ぼくたち一人ひとりが、そして企業だって、どちらに行くのが正解なのかわからない。そういう時代だ。**だからこそ、どちらに進むべきかを決めて、断言できる人間が強い。**[*8]

何が正解なのか分からないからこそ、断言できる人間は強い。なぜ強いのか。それは、誰かが正解を断言してくれることで、周囲の人々は正解について思考する労苦から解放されるからである。その正解が間違っていたとしても、その責任は、あくまでもそれを断言した人間にある。そのように、何も考えないことを許してくれる、という点に、断言の価値があるのだ。

筆者の考えでは、しばしば詭弁家はよく断言する。それに対して、真実を探究しようとする者は、議論において様々な留保を設け、解釈の多様性を前提にして語る。その語りはどうしても歯切れが悪くなる。そして、議論において優位に立つのは、往々にして断言する詭弁家の側である。おそらくそれは、語られた内容が説得力を持つからではなく、断言することが思考の労苦を人々に免除するからではないだろうか。

幸せの定義

言語化能力は人生のコンテンツ化のために用いられ、そしてその望ましいあり方は断言である。ここから導き出されるのは、「私」は自分が何者であるかについても断言することを求められる、ということだ。三浦は次のように述べる。

現代において幸せになるには、誰もが自分なりの幸せを「言葉」で定義しておく必要がある。仕事を必死に頑張らなくても、最低限の衣食住が手に入る時代である。だからこそ、自分にとっての幸福の具体的なイメージを自分で決めておかないと、仕事を頑張る理由を見失ってしまう。[*9]

三浦によれば、「私」は自分の幸福を言語化するべきである。ここでいう幸福とは、人生の目的と言い換えることもできるだろう。それは、単に頭で考えるだけではなく、言葉によって定義されなければならない。

定義は、ある言葉が何を意味するかを指定するものであると同時に、それが何を意味しないかを明示するものでもある。幸福を言語化することは、それによって何が「私」にとって追求すべき幸福ではないかを、特定するのだ。

このように幸福を定義しなければならないのは、言うまでもなく、幸福のあり方が多様化しているからである。たとえば、「最低限の衣食住」を獲得するということは、かつては、客観的な幸福の指標だったかも知れない。つまり、どんな人にとっても衣食住を確保することが幸福だった時代があるかも知れない。しかし今日においては、「仕事を必死に頑張らなくても」それは達成されうる（この三浦の主張に筆者は賛同できないが、それはいったん置いておく）。その上で何を幸福だと見なすのか、という考え方には、色々な可能性があり、それを一つに決めることは困難である。

だからこそ、「私」はあえてそれを言語化し、定義し、一つに限定するべきなのである。それによって、自分の人生がどうあるべきかを確定し、迷うことなく人生を歩むことができるからだ。三浦は次のようにも述べている。

　だからこそ、自分の幸福を定義している人は「強い」。
他人や社会の要請に惑わされずに、自分が目指している自分なりの幸福に進んでいける。[*10]

ここでも、断言は有効に機能している。それは、多様な可能性を否定することによって、人々を思考の労苦から解放する。自分の幸福を定義するときにも同じ作用が起こる。つまり「私」は、「私」にとって何が幸福であるのかをそれ以上考える労苦から、「私」を解放する。幸福の言語化は、そのようにして、自分自身について考えることを防止するのである。

統治と告白

たしかに、自分自身について考えすぎることは、かえって私たちを不幸にするかも知れない。ある状況においては、自分と向かい合わないことが、幸福のために必要なこともあるかも知れない。しかし、こうした言語化に関する三浦の言説を前にすると、筆者は、ある哲学者の警鐘を思い起こす。それは、二〇世紀の思想家である、ミシェル・フーコーである。

フーコーは晩年の主著『性の歴史』のなかで、人間の主体性がどのように歴史的に形成されてきたのかを、特に性の概念から分析した。[*11] 主体性とは、「私」が自分をそれとして理解しているところのものだ。性はそうした主体性を構成するカテゴリーの一つだと見なされている。たとえば住民票を取得すれば、そこには基本的に性別の欄がある。それは、「私」が何者であるかを証明するにあたって、性別が欠かすことができない要素であり、「私」の本質を構成するものである、ということを意味する。

私たちの多くは、さしあたり、それを普遍的な事実だと考えている。たとえば、日本では性別が本人のアイデンティティにとって重要であるが、他の国ではそうでない、ということはないだろう、と考えられる。どの国のパスポートにも性別を記入する欄はあるのだから、性が主体性にとって欠かすことのできない要素である、ということは、国や場所を問わない事実である。同時にそれは、これまでもどの時代においてもそうであったはずであり、またこれからもずっと変わらないはずだ。普遍的な事実である、ということは、この意味で時間と場所に制約されていないということなのだ。

しかし、フーコーはこのような発想を拒絶する。彼によれば、私たちが普遍的な事実だと考えているものは、実は、歴史のある段階において、ある権力が人々を統治するために作り出したシステムである。つまりそこには歴史的な起源が存在するのだ。その起源の以前には、私たちが普遍的な事実だと考えていることは、決して成立していなかった。システムはそうした歴史的起源を覆い隠し、あたかもそれまでもずっとそうであったかのような外見を呈するのである。

たとえば性の問題について、西洋のキリスト教文化圏においては、告白が重要な役割を果たしていた。告白とは、信者が聖職者の前で自らの罪を打ち明けることである。そしてキリスト教の教義には、性に関する様々な戒律が存在する。そのため信者たちは、自分の性のあり方と向かい合い、それがキリスト教の教義に適ったものであるかを反省する。

聖書では、同性愛は罪として禁じられる。そうした環境下において、一度でも同性愛的な行為をした人間は、「同性愛者」として自らを告白しなければならなくなる。そして、そうした同性愛者に対して、教会の権力者は何らかの強制的な措置を取り、秩序を維持しようとする。

しかしフーコーは、ここに論理の飛躍を洞察する。同性愛的な行為をすることと、同性愛者であることとは、必ずしも同じではない。同性愛的な行為が、あるとき、ある場所で、個別の状況のなかで行われるものであるのに対して、同性愛者とは、どんなとき、どんな場所でも、常に同性愛を追い求める者として理解されるからだ。同性愛者とは、同性愛を本質とする人間のあり方である。しかし、たった一回、同性愛的な行為をしたからといって、どんなときでも同性愛的な行為をするとは限らない。したがって、こうした本質化はそもそも論理的に成立していないのである。

それでは、なぜ、教会は同性愛的な行為をした人を、同性愛者として定義しようとするのか。それは、同性愛者を処罰し、共同体の秩序を維持し、よりよく信者たちを統治するためである。フーコーは、このように統治のために、人間を本質化するための手続きを、告白のうちに見出す。すなわち、自分で自分を同性愛者だと言ったのだから、その人間を同性愛者として処罰しても構わない、ということだ。

告白する、ということは、自分が何者であるかを語ることである。それは、一見すると、自分がどのような「主体（sujet）」であるかを表明することに等しい。しかしその一方で、それは権力による制度的な支配へと組み込まれることをも意味する。告白することで、人間はラベルを貼られ、そのラベルを持つ他の誰かと同じように、扱われる。この意味で、告白は、「私」が権力に服従する「臣下（sujet）」であることをも意味する。このような仕方で、フーコーは、主体化が同時に従属化であると指摘するのである。

言うまでもなく、告白は一つの言語化である。同性愛者は、自分自身について言語化することで、権力によって管理される存在として定義され、その構造に従属する。同様の現象が、ポスト・トゥルース時代における、自分自身の言語化にも当てはまるのではないだろうか。

言語化による従属

もちろん、フーコーがいうキリスト教権力における告白と、現代社会における自己の言語化は、まったく別のものである。現代において、自分自身を言語化したからといって、それを根拠に制度的な処罰や矯正を受けるわけではない。

しかし、それでも、現代における自己の言語化は、やはり権力への従属化を意味すると考えられる。そこで言われる権力は、公的な政府ではない。それはむしろ「私」が帰属している集団の同調圧力である。たとえば、仲間とともに笑うことができるコンテンツにするために、自分自身の体験を言語化することは、見方を変えれば、その仲間が共有している笑いの様式に、「私」の体験を規格化することを意味する。つまり、仲間が笑ってくれるようなものとして、体験の意味を再構成するのだ。そのとき、「私」はその体験の意味をもはや自分で決定することはできない。言語化しているのは「私」だが、しかしどのように言語化するかを、「私」が選択しているわけではない。それを決定しているのは、仲間がそれを笑うか否かなのである。そうした笑いの規範に、「私」の人生は依存してしまうことになる。それはやはり、一つの従属化であるだろう。

フーコーによれば、告白は人間を客体化し、それによって自己同一性へと拘束する。一度、同性愛的な行為をした人間は、それを告白することで、本質的な同性愛者として仕立てあげられる。その人間は同性愛者以外ではもはやありえないのであり、その本質へと縛り付けられる。それによって、その人間からは性の多様性が失われる。「私」が、今までとは違った人間へと、新しい存在へと生まれ変わる可能性は、失われてしまう。

三浦の言う自己の言語化は、こうした自己同一性への閉塞を促進するのではないか。なぜなら、彼が自分にとっての幸福を言語化すべきだと考える理由は、それによってもはや別の幸福について考えないで済ませるためであるからだ。私たちは自己を言語化することで、自分が新しい存在へと生まれ変わる可能性を自ら放棄する。いま、自分が気づいていない幸福と、これからめぐり合えるかも知れないという希望を、捨ててしまう。なぜなら、そうした可能性が開かれている、ということは、私たちを迷わせ、逡巡させ、判断力を鈍らせるからである。

三浦の言説にも表れているように、私たちの社会は、ぶれないで生きること、軸を持って生きることを、非常に高く評価している。しかし、筆者はこの考えは必ずしも正しくないと思う。なぜなら人間は、常にぶれているし、その軸は彷徨《ほうこう》する独楽《こま》のように、常に遊動しているからだ。自己の言語化は、その現実を否定し、まるでレールの上を一直線に転がっていく鉄球のように、自分自身を再解釈させる。しかし、それによって切り捨てられ、なかったことにされてしまう多様な可能性を、私たちは本当に無視してよいのだろうか。

おそらく、そうした事態に拍車をかけているのが、ポスト・トゥルース的な状況だろう。私たちは客観的な真実を共有できない世界に生きている。何を頼り、誰を信じたらよいのか分からない。だからこそ、迷いは致命的に判断力を削ぐ。それに対して言語化は、自らの視野を狭め、景色を限定し、余計なものを見たり考えたりしないようにすることで、私たちの判断力を回復させる。

しかし、そのとき「私」の集団への従属は決定的なものになる。「私」は、仲間から「ウケる」自分として本質化される。仲間にウケることなどないが、それでも自分にとっては大切だったかも知れない何かを、「私」は捨ててしまう。そんなものは初めからなかったかのような顔をする。そのようにして集団分極化は加速する。「私」は、自分自身を言語化することによって、一層その集団の外部にある景色から遠ざかっていくのである。

自己変容のための言語化

しかし、このように集団分極化を加速させるのとは違った仕方で、言語化を捉えることもできる。文芸評論家の三宅香帆によって提示される、その手がかりを紹介して、本章を終えることにしよう。

三宅によれば、自分が好きなものを言語化しようとするとき、私たちは、ついSNSを開いて他者の言葉を目にしてしまう。しかし、それは言語化にとって致命的に有害であると、彼女は指摘する。なぜなら、「**他人の言葉に、私たちはどうしても影響を受けてしまう**」からだ。そうした意見を目にすることによって、「私」は「自分の意見が本当はなんだったのか、よくわからなくなってしまう[*12]」。

その上、SNS上に存在する言葉は、しばしばその集団内で流通する凡庸な言葉遣いに侵食される。彼女はそうした言葉遣いを「クリシェ」と呼ぶ。それは「いろいろな場面で乱用されたことで、その言葉の本当の意味や新しさが失われてしまった」ような、「ありきたりな言葉」に他ならない。SNSにはこうしたクリシェが氾濫している。そこでは、ある集団の成員はみんな同じことを言うようになるからである。その意味で、ＳＮＳは言葉を急速にクリシェ化する。そして、そうした環境に埋没している限り、「私」もクリシェでしか物事を説明できなくなり、自分の言葉を失ってしまう。

それに対して、三宅が重視するのは、自分の言葉で自分が好きなものを言語化することである。しかし、なぜそうした言語化が必要なのだろうか。彼女によれば、それは「私」の自己理解を促すためである。ただし、その自己理解は、三浦が主張していたような、自己の本質的な固定化のために行われるわけではない。なぜなら、「私」が好きなものは変化しうるからである。彼女によれば、「好き」は「揺らぐもの」であり、「揺らがない『好き』なんてない」。それでは、なぜ、「私」が好きなものは揺らぐのだろうか。それは、「私」自身が変化するからだ。「自分も生きて変化していくのだから、好みも変わっていくのは当たり前」だと、彼女は主張する。

いま、「私」があるものを好きだからといって、ずっとそれを好きであり続けることなどない。しかし、同様に、あるものをもう好きではなくなってしまったからといって、かつてそれを好きだったことが、嘘になるわけではない。好きなものの可変性を認めることは、「私」自身の可変性を認めることと、直結するのである。

言語化は、そうした自己の可変性を自覚するために、行われる。彼女は次のように述べる。

いつかやってくる「好き」じゃなくなる瞬間を見据えて、自分の「好き」を言葉で保存しておく。すると、**「好き」の言語化が溜まってゆく。それは気づけば、丸ごと自分の価値観や人生になっているはずです。**[*13]

ここで語られている自己理解は、三浦の言うような、本質的な自己同一性を形成するものではない。それはむしろ、「私」が自己同一性を維持できない存在であることを、自ら確かめるために行われる。言語化は、自分が変わったということの証しを、未来に向けて保存することを意味するからだ。三宅によれば、そうした変化の総体こそが「私」なのである。

だからこそ、「私」は自分が好きなものを、自分独自の言葉で言語化するべきなのだ。クリシェに飲み込まれたとき、語られた言葉は「私」の現在を表現したものではなくなってしまう。それは、決して「私」の変化を確かめさせるものとして機能しない。そのため三宅は、そもそもなるべく「他人の感想を見ないこと」を推奨している。

断言的な言語化は思考を停止させる。それによって私たちは、複雑な問題を複雑なままに考えることを止め、言語化された一つの回答に安住してしまう。それが自分に向けられるとき、私たちは自分自身の生き方からも目を背けてしまう。自分自身の生き方を主体的に選択しているように見えて、実はそれは、自らの多様な可能性を制限し、自分が属する集団において理解されうる様式へと、自分を規格化することを意味する。それによって、ポスト・トゥルースの時代の特徴である集団分極化は、より強固なものへと変容していく。

しかし言語化を違った仕方で捉えることも可能だ。「私」が変容していくことを前提として、いまの自分を保存するために、自分自身を言語化することがそれである。この場合には、「私」は自分を規格化することなく、むしろ自己変容を可視化させるために、自分自身を語ることになる。それは、いまの「私」に対して違った視点を、新しい思考の可能性を開く契機となるだろう。

＊1　荒木俊哉『瞬時に「言語化できる人」が、うまくいく。』SBクリエイティブ、二〇二三年。
＊2　三浦崇宏『言語化力――言葉にできれば人生は変わる』SBクリエイティブ、二〇二〇年。
＊3　同書。
＊4　同書。
＊5　同書。
＊6　同書。
＊7　同書。
＊8　同書。
＊9　同書。
＊10　同書。
＊11　ミシェル・フーコー『性の歴史　1　知への意志』渡辺守章訳、新潮社、一九八六年。
＊12　三宅香帆『「好き」を言語化する技術――推しの素晴らしさを語りたいのに「やばい！」しかでてこない』ディスカヴァー携書、二〇二四年。
＊13　同書。

第六章　議論の構造転換

「それってあなたの感想ですよね?」という「論破」が前提としているのは、感想は主観的であり、客観的ではないということだ。ひろゆきにとって客観的なものとは、あくまでも実証可能なエビデンスであり、それ以外の意見はすべて主観的なものである。そして主観的なものは、そもそも人によって異なるものなのだから、耳を貸すに値しない。そのように考えられている。

しかし、意見が必ずしも主観的なものとは限らない。たとえば、「公論(public opinion)」という概念が存在するように、特定の個人に内属するのではなく、不特定多数の人々から合意された一般的な意見というものも、想定できるはずだ。そうした意見は決して「感想」ではなく、個人の臆見《おっけん》を超えた妥当性を持つものとして、認められうるものだろう。

しかし公論などといえば、現代の私たちは、それがただちに誰かによって作られたものだろう、と疑ってかかる。たとえばメディアが作り出した印象操作だ、など。しかし、それはいったいなぜなのだろうか。

私たちは論破力が美徳とされる社会に生きている。それは、議論による合意形成に対する信頼が欠如していることの裏返しだろう。そうした議論への不信感を乗り越えるために、なぜ、このような状況が形成されてしまったかを、本章ではこれまでよりも長い見通しのもとで考えてみよう。

無意識データ民主主義

詭弁が蔓延する現代社会において、もはや議論に信頼を置かなくなった論客も、少なくない。たとえば経済学者の成田悠輔は、政治的な意思決定のシステムとしての民主主義の限界を指摘する。

成田によれば、近年、ヘイトスピーチやポピュリズム的言動やイデオロギーの分断といった、明らかな政治の「劣化」が起きている。その上そうした劣化は、民主主義的な国家において、より多く発生する傾向がある。なぜそうした劣化が起きるのだろうか。それは、民主主義の制度設計そのものが、実は時代遅れのものに過ぎないからだ。言い換えるなら民主主義は、それが構想されたかつての歴史的条件においてのみ有効に機能するのであり、現代の条件に適応していない。彼はそう主張する。

では、民主主義が有効に機能していた歴史的な条件とは、どのようなものだったのだろうか。成田はそれを次のように説明する。

いくら理念が普遍的だとはいえ、今日私たちが民主主義と呼ぶものの運用は、数百年前の人々が構想した仕様に基づいている。中世の生活と技術の環境に合わせて作られたものだ。当時、ほとんどの人は生まれた土地で育ち、ただ生存するために驚くほど働きづめで、若くして死んだ。情報やコミュニケーションも遅く、内輪で、雲をつかむようだった。情報の伝達はうわさが中心、メディアと言えるものは立て看板やぜいたく品としての新聞や雑誌くらい、ニュースは数週間から数ヶ月遅れで届いた。[*1]

成田によれば、民主主義は、「中世」の環境に基づいて設計されたものである。当時、人間はただ「生存」するために存在し、極めて限定された情報のなかで、新聞も有効に機能していない環境で、生きていた。そのように情報が限定されていたからこそ、民主主義は有効に機能することができた。

しかし、現代社会の状況はそうした条件から著しく乖離《かいり》している。人々はただ生存するためだけに生きているのではないし、余暇の時間を持っている。また、そうした時間を埋め合わせるために、消費活動が行われている。情報は高度に多様化・複雑化し、人々は明らかな情報過多に直面している。特に、ソーシャルメディアにおいては、そのあまりの情報量の多さのために、アルゴリズムによってかえって情報の自動的な取捨選択が起きていることは、本書がこれまで論じてきた通りである。

すなわち成田によれば、そもそも民主主義は、人々が限られた人々と、限られた情報を共有している環境においてのみ成立する政治制度なのだ。その条件が覆されてしまったがゆえに発生しているのが、今日において顕在化している、民主主義の劣化なのである。

彼は、こうした民主主義の劣化を改善するために、「無意識データ民主主義」という新しい政治制度を提案する。それは、「インターネットや監視カメラが捉える会議や街中・家の中での言葉、表情やリアクション、心拍数や安眠度合い」から抽出される「人々の自然で本音な意見や価値観、民意」を「民意データ」として収集し、「GDP・失業率・学力達成度・健康寿命・ウェルビーイング」を指標とするアルゴリズムによって最適化することで、政策立案を図るというものだ。[*2]

この提案の特徴は、政策の妥当性を民意によって基礎づけながら、その立案の過程に議論を介在させない、ということである。なぜなら、議論をさせてしまうと、政治家の詭弁によって議論は翻弄され、民意はむしろ歪められてしまうからである。成田によれば、ソーシャルメディアは「民主主義の劣化の触媒」であり、「課税したり、禁止したり、規模・人数制限を入れたりする」必要がある。[*3]

民主主義と啓蒙思想

このように、成田は議論が公論を形成しうるという可能性を、まったく信じていない。ただし、ここで次のような疑問を介在させておくべきだろう。すなわち、彼が「議論」として考えているものは、あくまでも、人々が自分の私的な利害だけを主張し、その主張をただぶつけ合うような営みなのではないか、ということだ。

中世において、人々は限られた人と情報だけに接して暮らしていたがゆえに、民主主義的な合意形成が容易だった。なぜ、限られた人と情報だけに接していれば、合意形成が可能なのだろうか。それは、そこでは複雑な利害の対立が起こらないからだ。そして、利害の対立が起こらないことが、合意形成を可能にするのだとしたら、議論による合意形成はそもそも利害の対立を乗り越えられない、ということになる。

たしかに、もしも人間が議論によって利害の対立を乗り越えられないのだとしたら、人々は、自分が帰属する集団の内部でだけ、合意形成をすべきだろう。しかし、このような認識は大いに疑わしいと言わざるをえない。なぜなら、歴史を繙《ひもと》くなら、こうした閉鎖的な議論のあり方を根本的に変革するところから、民主主義は始まったのである。

現代の民主主義の歴史的な起源の一つは、近代ヨーロッパの市民革命にある。中世において、教会や貴族の権力が分散していたヨーロッパでは、一六世紀までに絶対王政による支配体制が形成されていった。重商主義的な政策を採った国王は、常備軍によって貿易ルートを独占し、有産市民階級に対して安全な商取引を保証する一方で、民衆に重税を課し、それによって莫大な富が国王に集中した。国王はしばしば王権神授説を信じ、自らの絶対的な権力を正当化した。こうした統治に不満を募らせた民衆が、団結して対抗した結果、市民革命が引き起こされ、絶対王政は倒されていった。

こうした運動を下支えしたのが、啓蒙思想だった。啓蒙とは「enlightenment」の訳であり、暗い場所に光をあて、ものをはっきりと見えるようにする、という含意を持つ。哲学者のイマヌエル・カントは、啓蒙を次のように定義している。

> 啓蒙とは何か。それは人間が、みずから招いた未成年の状態から抜けでることだ。未成年の状態とは、他人の指示を仰がなければ自分の理性を使うことができないということである。人間が未成年の状態にあるのは、理性がないからではなく、他人の指

示を仰がないと、自分の理性を使う決意も勇気ももてないからなのだ。だから人間はみずからの責任において、未成年の状態にとどまっていることになる。こうして啓蒙の標語とでもいうものがあるとすれば、それは「知る勇気をもて《サペーレ・アウデ》」だ。すなわち「自分の理性を使う勇気をもて」ということだ。[*4]

カントによれば、啓蒙とは「他人の指示」に従うのではなく、「自分の理性」によって物事を思考し、判断できるようになることである。ここでいう他人の指示とは、単に他者から直接的に命令されることだけを意味するわけではない。自分が属している集団のなかで自明視されている先入見を信じ、それに疑うことなく同調しているなら、それは結局のところ自分の理性で思考していることにはならない。啓蒙は、そうした先入見を問い直せるようになることを、そのうちに含むのである。

この意味において啓蒙は、自分が帰属している集団の先入見に囚われることなく、物事を思考できるようにする、ということを意味する。それは、物事を判断するにあたって、帰属集団における利害だけを考慮するのではなく、その外側に開かれた、あらゆる人々の立場に立って思考できる、ということだ。

理性の公的な利用

こうした啓蒙思想を前提とするとき、議論が利害の対立を乗り越えられない、という発想は成り立たない。むしろ人々は、自分とは異なる集団に属する人々と議論することによって、自分自身の先入見を批判的に問い直し、思考を拡張させることができる。そしてそれによって、利害の対立を乗り越えた合意の形成が可能になるはずなのである。

カントは、こうした合意形成を可能にする思考のあり方を、「理性の公的な利用」と呼ぶ。その特徴を明らかにするために、彼は、それとは相反する思考のあり方、すなわち「理性の私的な利用」を次のように説明する。

教会の仕事を担う牧師の仕事を遂行する際には、教会の定めにしたがって、自分の名ではなく教会の名のもとで語らねばならない。自分の考えにもとづいて教える自由な権限はない。牧師は、「わたしたちの教会ではしかじかのことを教えています」とか「教会は教義の証明のために、これを証拠として使っています」と語るだろう。そして自分では確信をもって支持できないとしても、教える義務があると判断すれば、教区の信者たちに実践的に役立つと思えるすべての教義を活用するだろう。こうした教えのうちに真理が潜んでいる可能性も否定できないからであるし、内面的な宗教生活に矛盾するものがそこには含まれていないからである。もしも矛盾するものが含まれていると考えるならば、牧師としての職をつづけることはできないはずであり、職を辞すべきなのである。[*5]

カントによれば、牧師は教会が定めた通りに他者に対して説明する。このとき牧師は優れた理性を発揮しうる。たとえば、信仰者からの質問に対して回答するとき、牧師は様々な考えをめぐらせ、然るべき回答をすることができる。しかし、それはあくまでも理性の私的な利用に留まる。なぜなら牧師は、自分が正しいと思ったことを語るわけではなく、ただ教会が正しいと認めたことを語るだけであるからだ。このとき牧師の思考は、教会において前提とされている先入見から、決して自由にはなれない。

これに対して、「私」がそうした先入見を前提とせずに他者と議論するなら、そのときはじめて、「私」には自分自身で思考することが可能になる。そうした議論において発揮される理性のあり方こそが、理性の公的な利用に他ならない。それは、「ある人が学者として、読者であるすべての公衆の前で、みずからの理性を行使することである」[*6]。ここで重要なのは「すべての公衆の前で」という点である。それは、特定の文脈を前提とすることなく、すべての人間に対して物事を説明することを要求する。自分とは違った集団に属し、違った文脈で物事を理解する人々が存在することを前提とし、そうした人々に向けて説明することが、理性の公的な利用なのである。

こうした理性の公的な利用が啓蒙を可能にする。カントによれば啓蒙とは、他者から強制されることなく、自分自身で物事を思考することであった。理性の私的な利用は、自分が属している集団の先入見によって、自分の思考が条件づけられることを意味する。したがってそれは決して自分自身で物事を思考しているわけではない。そうした思考は、むしろ先入見から自由になることで、初めて可能になる。そして、それが先入見から自由である以上、「私」は自分の思考を自分が属している集団の外部から、物事を思考できるようになる。そうした思考こそが、私的な利害の対立を乗り越える議論を可能にするのだ。

文芸的公共性

前述の通り、近代の民主主義は、啓蒙思想によって下支えされていた。そこにおいて議論は、決して自分が帰属する集団の利害に閉鎖されたものではない。むしろ反対にそれは、そうした閉鎖性から自由になり、自分が帰属する集団の外部から思考することを促すものだった。

もちろんこのことは、成田が指摘するような民主主義の劣化が事実に反する、ということを意味するわけではない。むしろ私たちが考えるべき問題は、そうした開かれた議論がなぜ現代において失われてしまったのか、成田の言説に表れるように、なぜそれがそもそも最初から存在しなかったかのように忘れ去られてしまったのか、ということだ。

哲学者のユルゲン・ハーバーマスは、近代の民主主義を成立させる上で不可欠であった、公衆の議論とそれによって形成された公論の領域を、「公衆として集合した私人たちの生活圏」としての「市民的公共性」と呼ぶ。近代以降のヨーロッパ社会において、私人たちは、「社会的交渉の一般的規則について公権力と折衝せんがため」に、その公共性を公権力に対して自らの意見を主張した。「この政治的折衝の媒体となる公共の論議（öffentliches Räsonnement）は、歴史的に先例のない独特なものである」[*7]。ハーバーマスは、こうした論議によって形成された意見を、「公論」と呼ぶ。

市民的公共性は、構成員が限定された集団の、閉鎖的なサークルではない。もしもそうしたものであったとしたら、それは当時の権力を倒すほどの力を持ちえなかっただろう。その力の源泉は、公論がすべての公衆の意見として突き付けられている、という点にあるのだ。ハーバーマスは、こうした市民的公共性の理念を基礎づける上でもっとも重要な役割を果たした哲学者の一人として、カントを挙げる。しかしその一方で、この理念は近代から現代へと至る過程で、根本的な構造転換を果たし、社会のなかから姿を消してしまった。

以下では、その歴史的変遷を再構成してみよう。

そもそも市民的公共性はどこから出現してきたのだろうか。ハーバーマスによれば、それは最初から政治的なものとして存在していたわけではない。彼はそれに先行する「非政治的形態の公共性」として、「文芸的公共性」の存在を指摘する。[*8] これは、主として一七世紀から一八世紀にかけて、カフェやサロンで交わされた、文学や芸術作品に関する人々の議論の領域に他ならない。当時の人々は、そうした作品のうちに自分自身を見出しながら、同時にその内実を他者と議論することによって、自己啓蒙を重ねていた。その領域で培われた自由な議論の様式が、その後、公権力への批判的な議論へと発展し、市民的公共性の土台が形成されていったのである。

ハーバーマスによれば、文芸的公共性の最たる特徴は、伝統的な身分制による分断が取り払われ、貴族と市民の間に「一種の教養人としての対等関係」[*9]が形成されていったことである。人々は、作品について語ることができるならば、誰であってもその議論の輪に入ることができた。官吏、法律家、医師、牧師、将校、教授、資本家、貿易商、銀行家、出版業者、製造業者といった、多様な背景を持つ人々が、読書する公衆として、文芸的公共性を担うことになったのである。

文芸的公共性において、人々の振る舞いには一定のルールが存在した。それは前時代における宮廷貴族の社交様式を模したものだった。文芸的公共性が展開されるカフェやサロンにおいて、人々は、たとえ貴族ではなかったとしても、貴族のような社交的振る舞いを演じた。そうした様式が、市民的公共性における議論の原型を形成していったのである。ハーバーマスは次のように指摘する。「教養ある中産階級の市民的前衛が、公共的議論の術を習得したのは、『優雅な世界』――宮廷貴族の社交界――とのコミュニケーションにおいてであった」[*10]

では、文芸的公共性において引き継がれた貴族的な社交様式は、議論の場をどのように変化させたのか。ハーバーマスはそれを三つの観点から説明している。

第一に、「社会的地位を度外視するような社交様式」[11]であり、「対等性の作法」[12]が貫かれることである。前述の通り、文芸的公共性において、人々は作品の内実について議論することさえできれば、その人の身分や立場は度外視される。どんなに高貴な身分の人も、低俗な身分の人も、議論の場においてはあくまでも対等である。もちろん、この規範が必ずしも実際に守られていたわけではないだろう。しかしそれは、議論の場の望ましいあり方を示す一つの理念として、通用していた。

第二に、既存の権威を問い直すことである。作品について議論することは、その作品のなかで問われている問題を、権威に頼ることなく考え抜くことを意味する。それは、それまで無条件に信じられることしかなかった、国王や教会の意見に対して、批判的な吟味を加えることを可能にする。その背景には、資本主義の発達によって、文学作品や芸術作品が商品として多くの人々に流通するようになったという事情も、密接に関係する。

第三に、「原理的な非閉鎖性」[13]である。作品を読んだり鑑賞したりできる人間は、誰であっても議論の輪のなかに参加することができる。どんなに低俗な身分の人間であるからといって、その身分を理由にして、議論に参加することを拒まれることはない。そうした、「万人がその討論に参加しうること」[14]が、文芸的公共性の必要条件なのだ。

やがてこうした文芸的公共性は機能変化を起こす。人々は、小説や雑誌に代わって新聞を読むようになり、政府のあり方について議論するようになる。その議論は、対等な人々の間で、反権威的な態度で、非閉鎖的な仕方で、営まれた。その営みが、公論と呼ばれるべき、政府に対する市民の一般的な意見を形成していく。政府がその意見を無視できなくなり、市民が政府のあり方に対して折衝することが可能になったとき、近代の市民的公共性が実現した。それがハーバーマスの見立てである。

市民的公共性の成立

一七世紀のイギリスでは、文芸的公共性を背景に、国家に対して自らの私有財産をめぐる権利について交渉しようとする人々が、自らの主張を公衆に訴えかけるようになる。新聞は政府に対する批判的な論説を掲載するようになり、独自のジャーナリズムを形成していく。一六九五年には事前検閲制度が撤廃され、職業的なジャーナリストによる日刊の雑誌が発行され、その内容がカフェや家庭や街頭で議論されるようになる。政治的な集会やクラブが相次いで結成され、その影響力を政治家も無視できなくなっていく。やがて、「公衆の政治的論議は、一九世紀の閾を越えるまで、とにかくも大幅な組織化を遂げ、持続的な批判的解説者の役割で、議会の閉鎖性を決定的に打破し、議員たちに対する公認の討論相手へと発達していった」[*15]。イギリスにおける市民的公共性の発達は、このようにおよそ二世紀をかけ、漸次的に進んでいった。

それに対して、フランスでは一八世紀のフランス革命を機に、一挙に市民的公共性が出現した。それ以前には、イギリスのように政権を批判する新聞は流通しておらず、政治に関するジャーナリズムはほとんど存在していなかった。

しかし、革命によって状況は一変する。政治的なクラブが相次いで出現し、日刊の新聞が刊行され、公開の討論が行われるようになった。市民的公共性は、それに先行する草の根の実践を土壌とするものではなかった。フランス人権宣言の第一一条、「思想および意見の自由な伝達は、人のもっとも貴重な権利の一つである。したがって、すべての市民は、自由の濫用に相当すると法が定める場合をのぞき、自由に話し、書き、出版することができる」という文言にも体現されているように、それは憲法によって再定義され、解釈されることによって、形成された。

一方ドイツでは、一八世紀末になって、政治に関する雑誌が相次いで刊行された他、各地で市民による読書会が催されていった。ハーバーマスによれば、「それは大ていの場合、特別な部屋を備えたクラブであって、これが雑誌や新聞を読み、また、これと同様に重要なことであるが、読んだ事柄について談論する機会を提供していた」[16]。こうした文芸的公共性が、やはりドイツにおける市民的公共性の成熟を促していく。

もしも、民主主義がもっとも健全に機能していた時期を挙げるとしたら、おそらくはこのように、文芸的公共性が市民的公共性へと変換し、その存在が公権力に現実的な影響を及ぼすようになったときだろう。そうであるとしたら、人々が限られた人間と情報にしか接していなかった中世において、民主主義が理想的に機能する歴史的条件を見出すことは、やはり正しくない。むしろ、そうした閉鎖的な環境から人々が解放されるようになったとき、はじめて民主主義は有効に機能するようになった。そして、議論はその媒体として極めて重要な役割を引き受けていたのである。

ただし、このようにして形成された市民的公共性が健全に機能していたかに見えた日々は、そう長くは続かなかった。

一九世紀の半ばになると、すでにこうした市民的公共性の限界が明らかになっていく。当時、公論の担い手は私有財産を持つ人々だった。本を所有し、定期購入できるのは、たとえそれが様々な集団から構成されているのだとしても、富裕層に占められていた。一方で、資本主義の拡大によって資本家と労働者の格差は拡大していく。その結果、公論は結局のところ資本家の利害を反映したものに過ぎない、と見なされるようになっていく。そしてそれは、労働者がますます搾取され、その地位から抜け出せなくなる状況を促進することになる。

こうした観点から、資本主義と癒合した市民的公共性を批判したのが、カール・マルクスだった。彼は、市民的公共性において前提とされていた三つの前提、すなわち、誰でも有産市民階級として公衆になりうる、また、公衆こそが人間である、さらに、公論は理性と一致する、という諸前提が破綻していることを明らかにした。

その一方で、そうした有産市民階級によって搾取される労働者は、「財産処分権と私的自律の基盤を欠くゆえに私生活圏としての社会の存続にいかなる関心をも抱きえない集団」だった。参政権が拡張し、そうした人々が政治的な議論に参入していくようになったとき、健全に機能していた市民的公共性は、根本的に構造転換していった。

公共性の構造転換

ハーバーマスによれば、かつて、文芸的公共性に根差した市民的公共性は、「社交」を媒体とし、「対等性と開放性という異論のない規則、自衛と友好の掟に従って営まれていた」[*17]。それは、議論の内部において「事実上いかなる敵味方関係もありえないのだという、一見もっともな信頼関係に根ざしていた」[*18]。そのとき社交は、市民同士が抱える現実の敵味方関係をいったん覆い隠し、その議論を非現実化することによって、そうした信頼を可能にしていた。「しかしながら、発達した市民的公共性を反省しつつあった同時代人は、このヴェールが裂けていくのを眼にとめずにはいなかった」[*19]。それによって公衆同士の連帯は失われていき、そこに存在する敵味方関係ははっきりと顕在化するようになる。そしてその問題を解決するために、公衆は「国家の側からの統制を志向するようになる」[*20]。このようにして公衆は、もはや公権力に対して働きかける存在ではなく、むしろ公権力を頼って敵味方関係を調停されることを期待する存在へと、変容する。それによって市民的公共性は、事実上、解消されていく。

こうした公共性の構造転換は、その源流となった文芸的公共性の所在地、すなわちカフェやサロンにおける読書を通じた討論をもまた、時代遅れのものに変えていく。すなわちハーバーマスによれば、「文芸的公共性に代って、文化消費という擬似公共的もしくは擬似私的な生活圏が出現する」[*21]。人々は余暇の時間に一人で本を読み、読んだ本について他者と語り合うのではなく、テレビを見たりラジオを聞いたりして過ごすようになる。

ここで重要なのは、文芸的公共性が、私的領域と公的領域の独自の複合の上に成り立っていた、ということだ。人々は、まず、家で一人で本を読む。それは人間にとって私的な領域で営まれる行為である。そして、そののちに、人々は自分の家を出て、カフェやサロンなどの開かれた場所で議論する。このようにして人々は私的領域から公的領域へと参入する。見方を変えるなら、カフェやサロンで語り合う公衆は、それぞれ自分の家から、一人で読書する私的領域からやってきた存在だった。

それに対して、マスメディアはまったく違った仕方で人々の時間を占拠する。人々は家のなかで、広告によって埋め尽くされた情報を見聞きする。広告は、それを受容した人間に、同じような購買行動を促す。したがってマスメディアによって喧伝される情報は、すべての人に同一の認識を与えようとするのであり、一人でじっくりと思考し、人々の数だけ異なるような多様な解釈を生み出す媒体になりえない。人々は、みんなが見聞きしている情報を、みんなと同じように見聞きする。

それは、私的領域であるはずの家のなかに、外部の世界を支配している市場の原理が流れ込んでくる、という事態に他ならない。それによって文芸的公共性の条件は根本から破壊される。ハーバーマスは次のように述べる。

市民的文化は、ただのイデオロギーではなかった。サロンやクラブや読書会における民間人の論議は、生活の必要に迫られた生産と消費の循環に直接支配されず、むしろ生活の必要からの解放というギリシア的な意味で「政治的」な性格を、その単に文芸的な形式（主観性の新しい経験についての意思疎通という形式）においても具えていたので、ここでのフマニテートという理念が――やがてこれがイデオロギーへ格下げされたが――成熟することができた。というのは、財産所有者を自然的人格――端的に人間そのもの――と同一視することは、私的領域の内部で、一方で私人たちが各自生活再生産のために追求する実業と、他方で私人たちを公衆として連帯させる交際との間を分離することを前提するのである。ところが文芸的公共性が発展して文化消費へ変貌していくにつれて、まさにこの敷居がならされてしまう。いわゆるレジャー行動は、生産と消費の循環の中へひきこまれて、もはや生活の必要から解放された別世界を構成しえないという理由からみても、すでに非政治的なものなのである。[*22]

すなわち、文芸的公共性が成立するための条件とは、人々が私的領域から公的領域へとやってくることによって、私的領域を支配していた利害関係を無視することができる、ということだ。それが可能であるためには、この二つの領域は完全に区別されていなければならない。その区別が、文化消費によって撤廃される。

人々が家でテレビを見て、それこそが公共性だと思い込むとき、その公共性は家庭のなかの利害関係と融合し、もはや両者を区別することはできなくなる。人々は、自らの経済的な状況を勘案し、どのように物事を消費できるのか、という観点から、公共性を眺めるようになる。そのとき、人々にはもはや自分の立場を超えて、不偏不党の視点から物事を思考する能力は失われるのである。

論破芸の起源

こうした公共性の構造転換に伴って、議論の営みそのものの意味も変わっていく。近代において、市民的公共性において展開された議論は異なる集団に属する人々が、それぞれの私的利害を乗り越えて、自由に語り合う空間だった。しかし、市民的公共性の条件が掘り崩されることで、議論にはまったく違った役割が宛《あて》がわれるようになる。ハーバーマスは次のように述べる。

今日では、対話そのものでさえ管理されている。演壇上の専門的対話、公開討論、ラウンド・テーブル・ショーなど、私人たちの論議はラジオやテレビのスター番組となり、入場券発行の対象になり、だれでも発言に「参加できる」場合でさえ、商品形態をとってくる。討論は「ビジネス」に引き入れられて、形式化する。賛否の両論は、はじめから演出のルールを守ることを約束させられている。議題における合意は、演出の合意によって、大幅に不要にされる。[*23]

ハーバーマスによれば、それまでカフェやサロンで演じられていた議論は、消費文化へと形を変え、マスメディアにおける「ショー」と化す。しかし、ショービジネス化した討論は、もはやかつての文芸的公共性における議論とは異なるものだ。なぜなら、そのとき議論は「商品」として「形式化」されるからである。かつては、議論は「合意」によって決着することを目指していた。しかしショーとしての議論に、そうした合意は必要ない。参加者が合意に至らなくても、司会者が強引に話を終わらせたり、エンディング曲を流したりすることができるからだ。合意に至らないからといって、いつまでも議論を続けることはできない。なぜならテレビは広告をしないといけないからである。

そうであるがゆえに、議論の参加者は、もはや相手と合意を形成することを目指さない。そうであったとしてもショーは成立するからである。こうした議論が、もはや、カントが目指していた啓蒙の媒体になりえないのは明らかである。なぜなら、合意を形成することが必要ではない以上、他者から理解されるように自分の意見を主張する必要などないし、したがって、自分の意見を他者の視点から反省することもまた必要ないからだ。こうした議論において人々は、ただ、自分がもともと信じている意見を主張するだけであり、議論はそうした自己主張のぶつかり合いの場でしかなくなってしまう。

筆者の考えでは、成田の主張する民主主義の劣化は、こうした意味での、議論という営みの劣化によって引き起こされている。そしてその帰結として、ショービジネス化された議論の最終形態として、論破芸を披露し合うディベート番組が出現する。そうであるとしたら、論破力を美徳とする社会は、こうした議論そのものの構造転換によって、形成されたのではないか。

教育の観点に立つと、ここから「ひろゆキッズ」と呼ばれる子どもたちの振る舞いがいかに有害であるかも説明できる。そうした子どもたちは、論破芸を友達とのコミュニケーションにおいて使用する。しかしその論破芸は、テレビやSNSなどで視聴された、ショービジネス化された議論に由来する。それは、子どもたちを啓蒙させることなく、むしろその機会を奪うことになってしまう。そのとき議論は、子どもたちの可能性を発展させるのではなく、むしろそれを閉鎖するように作用するだろう。

議論への信頼を取り戻すには

本章では、論破力を美徳とする社会がどのように形成されたのかを、市民的公共性の観点から追跡してきた。

成田は現代の民主主義が劣化していると指摘する。彼は、その理由を民主主義の前提となる議論が、限られた数の人々による参加によって成立していたからだ、と説明する。しかし民主主義の形成を促した啓蒙思想に基づくなら、それは必ずしも正しい理解であるとは言えない。カントが指摘するように、そもそも人間は議論のなかで自らを啓蒙させることができるからだ。そうした議論は、すべての人々に開かれ、誰でもそのなかに参加することができ、そのなかでは誰もが対等になれる空間でなければならない。

ハーバーマスは、そうした議論の領域の原初的な形態を、文芸的公共性と呼ぶ。それが変容することで、近代の民主主義の基礎となる市民的公共性が形成された。しかしそれは、資本主義の拡大によって機能不全を抱えることになり、やがて解消されていった。開かれた議論はショービジネス化し、合意を目指して議論する機会そのものがなくなってしまった。

かくして、議論はただの意見のぶつかり合いとなり、その場を制する論破芸が高く評価される土壌が形成されたのである。そうした状況に慣れてしまった結果、私たちはもはや議論には公論を形成する力がある、ということを、忘れてしまったのである。

しかしこの状況は危険である。なぜなら、そこに市民的公共性が成立していない以上、市民は公権力に対してまったく無抵抗である、ということになってしまうからだ。

「それってあなたの感想ですよね?」という論破は、意見は常に主観的であり、そこには相手を説得しうる妥当性がないことを前提とする。しかし、この前提に立つこと自体が、公権力に対抗する公論の形成を不可能にする。それによって私たちは、政治家による詭弁に対して、何もできなくなってしまう。このように、詭弁は幾重にも折り重なる津波のように、私たちのコミュニケーションを侵食しているのである。ポスト・トゥルース的な状況のなかで、公然と真実を歪曲するような詭弁が語られる一方、その詭弁を批判するために声を上げても、それはただの感想に過ぎないと打ち消す別の詭弁が、その声をかき消してしまうのだ。

このような状況を前にして、議論への信頼を取り戻すために、私たちには何ができるのだろうか。少なくとも、本章の考察で明らかになったことは、論破力を美徳とする現代社会は、決してひろゆきやトランプのような、特定の個人によって、突然作り上げられたものではない、ということだ。彼らが怪物めいた能力を持つトリックスターであることは事実だろう。しかし、そうした何人かの怪物によって今日の言説状況が形成されたと考えることは、おそらく誤った見方である。むしろそれは、この数世紀の歴史のなかで、着々と進行してきた議論のあり方の変容が、今日の情報環境の変化によって、急速に崩壊した帰結として捉えられるべきだ。

なぜ、そうした構造的な見通しが必要なのか。それは、たとえ怪物を退治したとしても、構造が変わらなければまた新しい怪物が出現するだけであるからだ。詭弁家を批判するのはいい。しかし、そうした詭弁家さえいなくなってくれれば議論が正常化する、と考えることは、あまりにも楽観的な見方である。結局のところ、それは問題を再生産するだけだろう。むしろ私たちが、議論への信頼を回復させるために必要なのは、そのあり方を構造的に改善することなのではないだろうか。

＊1　成田悠輔『22世紀の民主主義――選挙はアルゴリズムになり、政治家はネコになる』SB新書、二〇二二年。
＊2　同書。
＊3　同書。
＊4　カント『永遠平和のために／啓蒙とは何か　他3編』中山元訳、光文社古典新訳文庫、二〇〇六年。
＊5　同書。
＊6　カントはここで、理性の公的な利用の主語を「学者（ein Gelehrter）」と呼んでいるが、ここでいう学者は、決して職業的な専門家のことではない。Gelehrterという単語は、「lehren（教える）」という動詞に由来するものであり、直訳すれば「よく教えられた人」という意味である。したがって、自分自身の思い込みに留まるのではなく、本を読んだり、他者と議論したりして、多くのことを学んだ人間を指している。
＊7　ユルゲン・ハーバーマス『公共性の構造転換』細谷貞雄訳、未來社、一九七三年。

＊8 同書。

＊9 同書。

＊10 同書。

＊11 同書。

＊12 同書。

＊13 同書。

＊14 同書。

＊15 同書。

＊16 同書。

＊17 同書。

＊18 同書。

＊19 同書。

＊20 同書。

＊21 同書。

＊22 同書。

＊23 同書。

第七章　社交とは何か

前章では、ハーバーマスの市民的公共性をめぐる議論を検討しながら、どのようにして論破力を美徳とする言論状況が形成されてきたのかを、歴史的に辿り直した。現代社会においては、民主主義の劣化が盛んに叫ばれているが、その根本的な要因は、市民的公共性が解体し、自分の帰属する集団を超えた議論が成立しなくなったからである。見方を変えれば、それは本書がこれまで論じてきた、ポスト・トゥルース的な状況や、ソーシャルメディアにおける集団分極化と、見事なまでに重なり合う事態である。

こうした状況を乗り越え、私たちが再び議論に対して信頼を寄せることができるためには、何が必要なのだろうか。その手がかりの一つが、前章において提示されていた。それは、市民的公共性が、文芸的公共性から立ち現れてきた、ということである。当時、カフェやサロンで新しい議論を始めた人々は、それ以前には交わりの乏しい、互いに異なる集団に属していた。つまりそこでは集団の垣根を越えた、領域横断的な議論が実現していたのである。そして、そうした議論を可能にした行動様式こそ、宮廷貴族の社交だった。

この、社交の営みのうちに、現代社会の苦境を乗り越える鍵があるのではないだろうか。つまり私たちは、当時とは違った仕方で、社交を新たな光のもとで捉え直すことで、民主主義の劣化に歯止めをかけ、詭弁の蔓延に抵抗することができるのではないか。

このような見通しのもとで、本章は、社交とは何かという問題について考察してみよう。

人間の非社交性

第六章で論じた通り、カントは議論による啓蒙を市民的公共性の基礎に据えていた。彼が議論の価値を誰よりも信じていた哲学者であることには疑う余地がない。しかし、彼の著作には、一見するとこれと相反するかのように思える記述も存在する。それは、「世界市民という視点からみた普遍史の理念」という短い論考である。

カントはそのなかで自然によって与えられた人間の本性について考察している。彼によれば、「人間には、集まって社会を形成しようとする傾向がそなわっている」[*1]。つまり、人間はそもそも社会的な存在であって、放っておいても他者と共同体を形成し、仲良く暮らしていこうとする傾向を持つ。これは人々を議論へと向かわせるものとして理解することができる。ところが彼は、人間にはこれと相反する傾向も存在する、と指摘するのだ。

ところが人間には反対に、一人になろうとする傾向が、孤立しようとする傾向がある。人間には孤立して、すべてを自分の意のままに処分しようとする非社交的な傾向もあるのであり、そのためにいたるところで他者の抵抗に直面することを予期するようになる。自分のうちにも、他者に抵抗しようとする傾向があることを熟知しているからである。この抵抗こそが、人間にそなわるすべての力を覚醒させ、怠惰に陥ろうとする傾向を克服させ、名誉欲や支配欲や所有欲などにかられて、仲間のうちでひとかどの地位を獲得するようにさせるのである。[*2]

すなわち人間には、社会を形成しようとする傾向と同じくらい、そうした社会を拒絶しようとする傾向が、つまり「非社交的な傾向」が備わっている。たしかに、人間は仲間を求め、他者と親しくなり、何らかの集団に帰属しようとする。しかし、ずっとその集団に属していると、やがてうんざりしてくる。周囲に同調し、自分を偽ることにも嫌気がさしてくる。すると、自らその集団を離れ、孤立しようとしてしまうのである。

重要なのは、カントがこの傾向を決して消極的に評価しているわけではない、ということだ。彼によれば、非社交的であるからこそ、人間は「すべての力を覚醒させ」、「怠惰」を克服し、他者よりも優れた存在でありたいと努力するからである。もしも人間に非社交性が備わっていなかったら、人間はいつまでも自分の居心地のよい集団のなかに根を下ろし、その集団に同調し、「仲間のうちで完全な協調と満足と相互の愛[*3]」を謳歌することになるだろう。しかし、そうした環境においては、自分自身を成長させようとする意欲も起こらないだろう。

この指摘は、一見すると、カントの啓蒙思想と矛盾するように思える。しかし、考えてみれば、それは当然のことでもあるだろう。自分が所属する集団の外部にいる他者と議論することが、人間にとって心地良いはずがない。「私」の意見を、「私」とは異なる集団に帰属し、異なる文脈で理解している他者に対して説明し、そうした他者から質問や反論を受け、場合によっては自分の間違いを認め、訂正したりすることが、楽しいはずがない。そんなことをするくらいなら、一人で閉じ籠っていた方がいい。誰とも議論をしない方がいい。そう思う人がいるのだとしても、不思議ではない。

この矛盾——すなわち、一方において、市民的公共性の担い手として他者との議論に赴くべきであるが、他方において、人間にはそうした他者との関わりを忌避する傾向があること——は、カントの思想をいささかも脅かすものではない。むしろそれは彼にとって議論がどうあるべきかを考えるための出発点なのである。

そもそも議論は、議論を忌避する人々によって担われる。そうである以上、放っておいても議論は始まらない。議論は決して自然発生しない。だからこそ、自分からは議論したがらない人々を議論へと向かわせるためには、何らかの特別な働きかけが、今日的な言葉で表現すれば、ファシリテーションが必要なのだ。

美徳としての社交

前述の通り、ハーバーマスは市民的公共性の前身として文芸的公共性において、領域横断的な議論を可能にした媒体は、宮廷貴族社会において培われた社交の様式だった、と述べている。すなわち、社交こそが議論をファシリテーションしていたのである。

カントもまた、こうしたハーバーマスの洞察を共有している。彼は次のように述べる。

> 自分自身に対する義務でもあり、他者に対する義務でもあるのは、自分が人倫的に完全であることを保ちつつ相互の交際を行い（*officium commercii, sociabilitas*）〔社交の義務、社交性〕、自分を孤立させ（*separatistam agere*）ないということである。たしかに自分を自分の原則の不動の中心とするが、とはいえこうした自分の周りに引かれた円形を、また世界市民的な心根を備えたすべてのひとびとを包括する円形の一部

と見なすこと。まさに世界の福祉を目的として促進するためではなく、ただ間接的にそれへと導く手段、つまり社交における快適さ、親しみやすさ、相互の愛と尊敬（愛想のよさと礼儀正しさ、*humanitas aesthetica et decorum*〔直感的で上品な人間性〕）を開化すること。そして徳に優美さを伴わせること。以上のことを成就すること自体は徳の義務である。*4

人間はよき市民であるために他者と対話しなければならない。それによって、自分自身の意見を持ち、それを他者の視点から吟味できるようにならなければならない。しかしそれは面倒くさく、不快でさえある。社交は、そうした対話に「優美さ」を与える。カントが、それを「徳の義務である」とまで言い切るのは、そうした優美さが他者との対話を、まだしも耐えられるものへと和らげるからである。

他者と対話すれば、批判されることもある。自分が当たり前だと思っていることを、問い直されることもある。それによって、それまで信じてきたことを疑い、価値観を一から検証しなければならなくなる。場合によっては、自分が間違っていたことを認めたり、自分が尊敬している人物の愚かさを認めたりしなければならなくなるかも知れない。社交は、そうした自己批判を、まだしも受け入れられるものにする。言い換えるなら、それがなければ、私たちは他者との対話に耐えられないのである。

ただし、社交はそれ自体が道徳的な義務ではない、ということに注意すべきだろう。道徳的な義務が、他者と対話することであるとしたら、社交はその義務の遂行を促進するに過ぎない。カントによれば、「それはたしかに補助通貨にすぎないが、とはいえそれでも、親しみやすさ、愛想のよさ、丁重さ、もてなしのよさ、温和さ（喧嘩をせずに反論する場合の）という点で、この仮象を可能なかぎり真実に近づけようと努力することによって、徳の感情自体が促進されるのである」[*5]。そのように気持ちよく対話するための作法が、啓蒙の条件ではないにしても、極めて重要な要素として作用しているのだ。

社交の実践

カントはそうした社交がいかに営まれるべきかについて、やりすぎなほど具体的な説明を示している。

彼が念頭に置いているのは、自宅で催される昼食会でのシチュエーションである。そこで家主は客を招き、食事を提供しながら、議論に花を咲かせようとする。そうした議論は啓蒙を促進するものであるが、社交の規則に基づいて行われなければ、かえって参加者に不快な思いを抱かせることになる。それを防ぐために、カントによれば、夕食会における議論は三つの段階に基づいて進行すべきである。

第一の段階は、「世間話をする」[*6]ことである。そこでは、「その土地についての、ついでよその土地についての、私信や新聞で知ったその日のニュース」[*7]が交換される。世間話をしている間に、食事は大方終えてしまうのが望ましい。そのため、世間話にはかなりの時間を割かなければならない。

第二の段階は、「まじめに議論する」[*8]ことである。単なる情報の交換に過ぎなかった世間話について、誰かが「理屈」[*9]を言い出したときが、議論が開始されるタイミングである。それによって、人々はそれぞれが理屈について考え始め、自分の考えを語り始める。もちろん、そうなれば意見は対立する。しかしそれが対話をさらに盛り上げるのだ。カントは次のように述べる。

こうして最初の食欲が満たされると、座は早くもぐっと盛り上がってくる。というのは誰かが理屈をいい出すと、話題にされている同一の問題に関する判断が人によって食い違うことが避け難いし、しかも各人は自分の判断について一家言《いっかげん》持っているから、そこに一大論争が巻き起こってそれが料理への食欲やワインボトルへの渇望を大いに刺激し、それが基となって論争がいっそう盛り上がるにつれて、かつ論争の輪が広がるにつれて人々の飲み食いはぱくぱくぐいぐいと進むからである。[*10]

ただし、カントによれば議論は「一種の労働」[*11]であり、やがて「この力わざも面倒くさくなって」くる。そうなりながら、議論を継続することは、ただ徒労を催すだけであり、やめてしまった方がよい。

第三の段階は、「たわいのない機知の戯れ」[*12]である。要するに、冗談を披露し合う、ということだ。カントはそこで相手を笑わせることができるなら、下品な話を利用することすら有効であると指摘している。

つまり、昼食会における議論は、世間話、議論、冗談という三つの段階を経て進行していく。このうち、啓蒙にとって必要だと思えるのは議論だが、議論はそれ単体では不十分である。真剣な議論が不快に陥らないためには、その前後に、その真剣さを緩和する対話が介在しなければならない。カントはさらに、このように対話をする際に参加者が留意すべき規則を、次のようにまとめている。

第一に、「歓談の素材を選ぶこと」[*13]である。カントが重視するのは、その場にいるすべての人が対話に参加している、ということである。そのためには、「参会者全員から興味が持たれ、誰もがいつでも何か当意即妙に話に加わる機会を与えられているようなもの」[*14]が、話題として選ばれなければならない。反対に、その場にいる一部の人だけが理解できる話題は、その話題を知らない参加者を対話から排除することになるため、望ましくない。

第二に、「歓談の途中でほんのひととき間を置く」[*15]ことである。つまり、ずっと話し続けるのではなく、時折、間を挟み込む、ということだ。ただしそれは「死のような沈黙」[*16]であってはいけない。

第三に、「必要もないのに話題を変えたり、こっちの素材からあっちの話題へと飛んだりしないこと」[*17]である。カントはあくまでも対話において話の統一性を求める。したがって話題が飛躍するときには、新しい話題が前の話題とどのように関係しているのかが明確である必要がある。

第四に、「自説に拘ること」[*18]を慎重に回避する、ということだ。なぜなら、「こうした歓談は真面目な仕事でなくただの遊び〔戯れ〕にすぎない」[*19]からである。そしてこのことは、自分自身に対して戒めるだけでは不十分である。他者が自説に拘り始めることに対しても、私たちは抑制的でなくてはならない。したがって、「誰かがそのように本気に走ったときは巧みに洒落でも飛ばして気を逸らすといい」[20]とカントは指摘する。

第五に、「それでも真剣な論争が避けられなくなったら、注意深く節度を守ることによって自分を見失うことなく興奮を抑制し、常にお互いが相手に尊敬と好意を抱いていることが誰の目にも明らかでなければならない」[21]。たとえ、対話の参加者が自分の考えをぶつけ合う事態に発展するのだとしても、それは互いに対する尊敬を前提にしたものでなければならないし、そしてその尊敬ははっきりと表明されなければならない。それに対して、相手を論破しようとしたり、論理的に詰めたりしようとする態度は、対話を破壊する行為である。

対話に関するこうした一連の規則から明らかになることとは、カントが理想とする対話において、対話の参加者が、その対話に参加する以前にどのような考えを持っているかは、まったく重要ではない、ということだ。むしろ、対話のなかで、様々な話題に意識を引きずられ、笑い話に巻き込まれていくなかで、普段とは違った仕方で物事を考えられるようになることにこそ、対話の価値があるのである。

遊戯としての社交

人間には議論を忌避する傾向がある。だからこそ、そうした人間たちが議論するためには、社交が演じられなければならない。社交は厳密なルールに従って進行する。それはある意味でスポーツのようですらある。

社会学者のゲオルク・ジンメルは、こうした社交の遊戯的な性格が、私たちの社会において重要な機能を果たしている、と指摘する。彼によれば、社交とは「社会化の遊戯的形式[*22]」である。遊戯であるということは、言い換えるなら、それが現実から切り離されている、ということだ。遊戯には必ず始まりと終わりがある。遊戯が行われているとき、その前後の現実は、遊戯そのものに決して影響を与えてはならない。

たとえばボクシングの試合が行われるとき、二人の競技者がもともと友達だからといって、相手に手加減をすることがあってはならない。また、試合が終わった後で、相手から強く殴られたからといって、その相手を恨んだり、試合と関係ないところで復讐したりしてはいけない。ボクシングは、その二人の関係が試合の外側でどんなものであろうとも、試合はそれと関係なく行われる。つまりそれは現実とは異なる、非現実的な営為であるという想定のもとでのみ、成立する営みなのだ。

ジンメルは、社交もまたこれと同様の性質を持つと考える。「純粋な形態における社交は、具体的な目的も内容も持たず、また、謂わば社交の瞬間そのものの外部にあるような結果を持たない[*23]」。したがって、「客観的意味において、つまり、現在のサークルの外部に中心があるような意味において人間が所有しているものは、社交へ入り込んではならない」のであって、「個人の富や社会的地位、学識や名声、特別の能力や功績、これらのものが社交において役割を果すようなことがあってはならない[*24]」。すなわち社交は、それが遊戯であり、非現実的なものであるからこそ、現実における利害の対立を乗り越えることができる。だからこそ、社交は領域横断的な議論を促進することができるのだ。

そうした状況において、人間は「純粋な人間性としての能力、魅力、関心をもって社交形式の中へ入って行く[*25]」。つまり社交するとき、人間ありのままの自己として他者と関わることになる。しかし、だからといって、そうした人々が互いをありのままに理解することはない。「この構成物は、個人の真に主観的なもの及び純粋な内面性の前で停止する[*26]」。

この両義性を可能にする振る舞いを、ジンメルは「遠慮」と呼ぶ。それは、「他人に対する社交の第一条件であると同時に、自分自身に対しても要求される[*27]」。すなわち社交の場において、人間は普段自分が属している集団に還元されえない存在として姿を現すが、しかし、だからといってその場の語りから、相手の本心を知りうるなどと思ってはいけないのである。社交の場で語られたことについて、何が相手の本音であるかなど、「私」には知る由もないし、知ろうとするべきでもない。なぜなら、本音を知りたいと望むことは、相手の考えを現実的なものとして理解しようとすることを意味するからだ。それは社交が持つ遊戯的な非現実性を解消してしまうのである。

ジンメルにとって社交が持つ重要な作用は、それに参加する人々を一つに融和することではなく、現実の世界における対立を、その対立的な性格を残したまま、その対立を受け入れられるような形へと、非現実化するという点にある。ジンメルは次のように述べる。

即ち、人々は、実生活では、彼らが互いに伝えようとし、互いに判らせようとする内容のために話すが、社交では、話すことが自己目的になる。といっても、饒舌というような自然的な意味ではなく、話を楽しむ芸術という意味で、それには独自の芸術的な法則がある。純粋社交的な会話では、話の内容は、話そのものの活潑な交換が生む魅力の、無くてはならぬ運び手であるに過ぎない。この交換が行われる形式と言えば、議論を戦わせた末、双方の認める規範を持ち出す、また、妥協によって和を結んで、共通の信念を発見する、また、教えてくれたニュースを有難く頂戴する一方、判って貰えそうもないニュースを話題から外す――こういう会話的相互作用の諸形式は、元来、人間のコミュニケーションにおける様々な内容や目的のためのものであるが、ここでは、形式そのものに意義がある。[*28]

社交においても議論はある。しかしその議論は、ただ議論するためだけの議論であり、話が「活潑」になることだけを目的にしている。ジンメルがここで「形式」を強調しているのは、結局のところ、社交的な議論においては、そこで何に合意されたのか、何が結論となったのか、ということは、そもそも問題ではないからだ。なぜならそこで交わされた議論は、結局のところ、社交的な議論が終結するのと同時に、夢のように消えていってしまうからだ。だからこそ、私たちは議論において、たとえ相手と敵対することがあるのだとしても、それを喜ばしいものとして理解することができるのである。

こうした社交の非現実性は、その議論を無意味にするわけではない。むしろジンメルは、それが「理想的な社会学的世界を創造する」[*29]とまで主張する。なぜなら、社交することによって、人間は自分が帰属する集団によって差別されることから自由になり、真に平等な個人として他者と関わり合うことができるようになるからだ。そこに、社交において守られるべき基本的な原理がある。すなわちそれは、「自分たちが社交的人間として平等であり、相互作用の相手である他の人々が社交的価値を獲得するという条件の下でのみ自分も社交的価値を獲得し得る、そういう人間であるかのように振舞わねばならぬ[*30]」ということだ。

このように考えるなら、ハーバーマスのいう文芸的公共性が、なぜ、宮廷貴族の社交様式を必要としたのか、ということは、自ずと明らかになる。それは社交が、議論の場を非現実的な遊戯の空間として再構成することで、人々の平等な関わり合いを可能にしたからだ。

世間的作法

しかし、ここで次のような疑問が生じたとしても不思議ではない。すなわち、もしも社交が単なる遊戯に過ぎないのならば、それは結局のところ、現実に対して何らの影響力も持ちえないのではないか、ということだ。そして、そうであるとしたら、それは市民的公共性の形成において社交が発揮した現実の作用を無視していることになるのではないか。

実際、社交はただの遊戯に留まるものではない。そこで交わされた議論は、現実の世界に対して積極的な影響を及ぼすことができる。しかし、それを目的にした社交は、ジンメルが指摘する通りに成立しない。そうであるとしたら、社交は議論のなかで変容していかなければならない。言い換えるなら、最初は社交として始まった議論が、やがて真剣なものへと発展していかなければならないのだ。

このような観点から、哲学者のカール・ヤスパースは社交の前進的変容、あるいはこう言い換えてもよければ、新たな関係性への進化の可能性を指摘している。彼もまた、社交は人間関係を非現実化し、それによって領域横断的な議論を可能にするという。すなわちそれは「無拘束であるがゆえに目的から自由で遊戯的なる共同存在として交わりのための諸前提を作り出すことができる」のであり、この意味において「人々を相互出会いの可能性へともたらす」[*31]ものである。しかしそれは、結局のところ、本当の意味での関係性を作り出すことにはならない。彼は、そうした「どの個人も免れることのできない社交の仕方」について、次のように述べる。

今日では例えば次のような世間的作法がある。すなわち礼儀や親切の仕方、すべてのことを逆に黙って言わずにおくことのできる自然のままの率直さ、実践的成果を伴わない信頼の無拘束な表現、交際における秩序と柔軟さ、気持を傷つけやすいような事物をそっとしておくこと、押しつけがましさのない人道にかなった作法、あらゆる態度における節度。これらの作法に対立する無作法には例えば次のようなものがある。すなわち自分個人の価値を強引に認めさせようとする高慢なやり方、自分が他人のことにはいかに無関心であるかを感じさせること、また人々がお互いに見慣れぬ者であるときには、事実としていたるところで不信の念をもって相対立しているが、この不信を明示すること、まるでその場に他に誰もいないかのように公の場所で無遠慮に振舞うこと。世間的作法はこれらの無作法に反対するが、しかしその作法は常に表面的である。それは取るに足りないものであるがゆえに、交際において摩擦を生じないようにするには適しているが、しかし人間を交わりにもたらすことはできない。[*32]

ヤスパースによれば、こうした「世間的作法」の大きな特徴は、それがかつての宮廷貴族の社交様式とは異なり、排除を伴わないという点にある。かつての貴族的な社交は、常に、貴族である者とそうでない者を区別し、貴族ではないものをその場から排除するための参入資格として、機能していた。しかし、時代の変遷とともに社交はそうした機能を変容させ、特定の他者を排除することを目的としなくなった。だからこそそれは、啓蒙を可能にする関係性の媒体として機能したのである。しかし、そのように形成される関係性は、常に「表面的」である。それは、「摩擦を生じないようにする」ためには好都合だが、しかしそれだけで終わる限り、本当の人間関係を樹立するには至らない。

交わりの思想

それでは、ヤスパースのいう本当の人間関係とは何だろうか。彼はそれを「交わり(Kommunikation)」という概念によって説明する。

交わりは、さしあたり、人間同士がかけがえのない個人として関係する状態として定義できる。かけがえのない個人とは、言い換えるなら、交換不可能な存在である、ということだ。たとえば、店で店員と客が交わす関係は、交わりと呼ぶには値しない。なぜなら、店員にとっても客にとっても、経済的な取引さえしてくれるなら、相手は誰であっても構わないからである。そのとき、店員も客も、かけがえのない個人として存在するわけではない。
交わりが成立しうる典型的な関係性とは、友情である。「私」が誰かと友達になるとき、その相手はあくまでもその人自身でなくてはならない。ただし、だからといって、「私」はどんなときでも友達と意見が一致しているわけではない。ときには友達と対立することもあるだろう。しかしそうした対立は決して友情の関係性そのものを毀損しない。この意味において交わりは対立と両立するのであり、むしろ、対立しうることは、相手と交わることの条件でもある。ヤスパースは次のように述べる。

単に悟性と悟性、精神と精神との交わりではなくて、実存と実存との交わりは、非人格的な内容や主張を単に一個の媒体としてもつにすぎません。そこで弁護や攻撃は、権力を獲得するための手段ではなくて、お互いが接近するための手段なのであります。闘争は愛の闘争であって、このような闘争にあっては、各人は他人に対してあらゆる武器を引渡すのであります。本来の存在の確認は交わりにおいてのみ存在するのでありります。交わりにおいて自由と自由が協同関係を通じて隔意のない相互関係に立ち、それ以外のものとの交わりはすべて予備的段階であるにすぎず、むしろ決定的な点においては、あらゆるものは相互に要求されあい、根底において問われるのであります。[*33]

すなわちヤスパースによれば、交わりとは「愛の闘争」であり、相手を尊敬し、相手を承認しながら、自分の本心をぶつけ合うことが可能な関係である。このような関係において、闘争は「協同関係」に基づいて成立するのであり、相手に対して「あらゆる武器を引渡す」ことを条件としている。この条件を遵守することをヤスパースは「愛」と呼ぶのだ。

彼にとって交わりはあくまでも闘争に基づくものである。それが要求する愛は、それによって闘争が可能になるようなものでなくてはならない。愛は決して単なる同調ではない。たとえば友達と関わるとき、友達が「私」の機嫌を損ねまいとして、たとえ「私」が間違ったことを言ったとしても、何の訂正もせず、自分の意見を言わないのならば、「私」はその友達の友情を疑い、自分がその友達から信頼されていないと感じるだろう。むしろ、友達が恐れることなく「私」に対して本音でぶつかってくれると信じられるから、「私」が間違ったことを言おうものなら、それに対して反論してくれるだろうと信じられるから、かえって「私」はその友達に本音を語ることができるのだ。

ヤスパースは、こうした交わりが、人間の自己理解には不可欠であると主張する。なぜなら、人間が自分の考えを本当に正しいと確信できるのは、それを他者に対して説明できるときだからである。しかし、そうした説明が可能であるためには、自分の説明に対して真剣に向かい、必要とあらば反論することを辞さない他者が必要である。そうした他者との関係こそ、交わりに他ならないのだ。彼は次のように述べる。

私が内省によって自分だけのものとして獲得するものは——もしそれがすべてであるなら——獲得しなかったのと同じことであります。交わりにおいて実現されないものは、いまだ存在しないものであり、究極において交わりに基礎をもたないものは、十分な根拠をもたないものであります。真理は二人から始まるのです。[*34]

「真理は二人から始まる」。言い換えるなら、交わりを得ることができないとき、「私」には何が真理であるかを確信することができなくなる。つまり、自分の考えていることが正しいのか否かを、自分で判断できなくなってしまうのだ。

社交から交わりへ

社交の議論に戻ろう。ヤスパースによれば、社交は決してそれ自体で本来の人間関係を形成することはない。それは言い換えるなら、社交は交わりそのものではない、ということだ。他者と社交するとき、「私」はある種の遊戯を演じるように、他者と会話する。そこには、あらゆる遊戯にルールがあるのと同様に、社交に特有な規則が存在する。社交する人間は、誰もが同じようにその規則を守って会話することを求められるのであり、その限りにおいて、社交は人々が他者と同じように振る舞うこと、つまり交換可能であることを要求する。それに対して、交わりはかけがえのない個人として人間同士が関わる様式である。だから両者を同一視することはできない。

しかし、このことは、社交が交わりへと発展する可能性を否定するものではない。ヤスパースは次のように述べる。

どんな社交性も入り込んでゆけないところで実存的交わりが遂行せられる。この交わりにおいて社交的な作法は相対化されることによって克服される。確実に完全に形づくられた社交界は個人に対して、社交性に対立する場合にも可能的実存として、その社交界には現存していない自由が必要とする場を作ることをいっそう容易にする。*35

たしかに社交はそれ自体が交わりではない。むしろ、社交が「相対化」されることによって交わりが成立する。しかし、その一方で、「完全に形づくられた社交界」は、「その社交界には現存していない自由」すなわち交わりを成立させるために必要な条件の形成を、「いっそう容易にする」一面も持っている。言い換えるなら、社交は交わりではないが、しかし社交なしに交わりを形成しようとすることよりも、社交を契機として交わりを形成する方が、容易なのである。

ヤスパースはここで、社交から始まる交わりと、そうではない交わりを対比している。そして、後者が不可能ではないにしても、それは前者と比べて困難である、と考えているようである。この意味において、社交には交わりを促進する作用が、やはり認められている。

では、社交が社交であることをやめ、交わりへと発展するのは、どのようなときだろうか。端的に言えば、それは、二人が闘争を始めるときである。

私は可能的な交わりを闘いとるためには、社交的な交わりを中断し、非友好的な見解の出る傾向を耐え忍ばねばならない。或る種の根源的な確信かあるいは経験を積んだ利巧さが異種の交わりを調停するのではなく、社交性にどんな意義が属するかを知り、また葛藤をひき起こした場合には〔そして、この場合にだけ〕それを突破する用意をして社交性を用いるすべを心得ていないかぎり、実存的交わりと遊びの規則に従う社交生活とは敵対関係に立っている。*36

すなわち、社交と交わりが両立するためには、社交の最中において生まれた議論から「非友好的な見解」が生じることを前提としなければならない。当然のことながら、社交は非友好的な見解の出現を抑制する。それが現れてくる、ということは、相手が本音を語っているということ、つまり社交的な振る舞いを停止させてでも、自分の意見を伝えようとしていることの証しである。それに応答するためには、「私」もまた社交的な振る舞いを停止し、その意見に対して真剣に向かい合わなければならない。そのようにして、社交は交わりへと発展的に変容するのだ。

このように考えるヤスパースは、社交が遊戯であるというジンメルの見解を踏襲しながらも、現実に対して望ましい影響を与えうるものとして、社交の発展的変容の可能性を示唆している。そしてその思想は、詭弁に抵抗する新しい議論のあり方を模索する、という本書の目的にとって、決定的な手がかりを与えるように思える。

処方箋としての社交

本章では、カント、ジンメル、ヤスパースの哲学を手がかりにしながら、議論における社交の機能を検討してきた。

カントによれば、人間には生来の非社交性が備わっており、他者との議論を忌避する傾向がある。そうであるにもかかわらず、啓蒙のために議論を促進するには、美徳としての社交が要請される。社交は、議論を優雅なものに変えることで、それを人間にとって耐えられるものへと緩和するのである。

ジンメルは、こうした社交を一つの遊戯として捉え、それが議論を非現実化させると指摘した。それが遊戯であるからこそ、人々は自ら帰属する集団や、その集団同士の対立から自由になり、一人の個人として議論に参加することができる。同時に、その非現実化の作用を維持するために、社交的な議論には現実の利害関係を持ち込むべきではなく、また その議論の成果を現実の世界へと接続するべきでもない。

それに対してヤスパースは、そうした社交的な議論を機能的に変容させ、現実の交わりへと発展させる可能性を示唆した。彼によれば、人間が何かを真実として確信するためには、それを他者に対して説明することができなければならない。したがって、何かが確かだと思えるために、人は他者と議論できる場を必要とする。しかし、そうした議論は、非友好的な意見がぶつかり合う闘争的な空間となる。そうした闘争を実現するための連帯は、その関係性が社交的に開始されることで、より有効に成立するようになる。この意味において、ヤスパースの考える交わりは、社交によって媒介されることで、より望ましい仕方で促されるのである。

このように考えるなら、議論をめぐる今日の苦境に対して、社交は一つの有効な処方箋として機能するのではないか。

現代社会は、真実を担保する確かな拠り所を失っている。その状況の背景にあるのは、人々が自分とは異なる真実を信じる他者に対して、自らの意見を語り、議論を戦わせることで、合意を形成する機会がほとんど失われている、ということだろう。そうした議論の場を作り出そうとしても、それは往々にして、詭弁に翻弄される敵対的な空間と化してしまい、真実はかえって歪曲される。そこに欠けているのは、そうした他者との生産的な議論を可能にする行動様式、すなわち社交する能力なのではないだろうか。

社交は、議論の参加者が置かれている利害の対立を、非現実化する。社交するとき、人々はあたかも自分たちを引き裂く分断が現実には生じていないかのように振る舞う。そうした様式を経由することによって、はじめて議論は生産的なものになり、敵対する集団同士の間にも、何らかの連帯が期待できるようになる。

そうであるとしたら、まさにこのような理由からも、詭弁の有害さが説明されることになるだろう。価値観が多様化し、人々が複雑な情報環境に生きている現代社会だからこそ、議論は社交的に、優雅に行われなければならない。優雅さが失われるとき、人々は互いを尊敬しながら対決することができなくなり、敵対性はただちに詭弁へと飲み込まれる。相手を挑発する、怒らせる、煽《あお》るといった行為は、こうした観点から抑制されるべきなのである。

＊1　カント『永遠平和のために／啓蒙とは何か　他3編』中山元訳、光文社古典新訳文庫、二〇〇六年。
＊2　同書。
＊3　同書。
＊4　カント『人倫の形而上学 第二部 徳論の形而上学的原理』宮村悠介訳、岩波書店、二〇二四年。
＊5　同書。
＊6　同書。
＊7　同書。
＊8　同書。
＊9　同書。
＊10　同書。
＊11　同書。
＊12　同書。
＊13　同書。
＊14　同書。
＊15　同書。
＊16　同書。

＊17　同書。
＊18　同書。
＊19　同書。
＊20　同書。
＊21　同書。
＊22　ジンメル『社会学の根本問題――個人と社会』清水幾太郎訳、岩波文庫、一九七九年。
＊23　同書。
＊24　同書。
＊25　同書。
＊26　同書。
＊27　同書。
＊28　同書。
＊29　同書。
＊30　同書。
＊31　ヤスパース『哲学』小倉志祥・林田新二・渡辺二郎訳、中公クラシックス、二〇一一年。
＊32　同書。
＊33　ヤスパース『哲学入門』草薙正夫訳、新潮文庫、二〇〇五年改版（初版一九五四年）。

＊34　同書。
＊35　ヤスパース『哲学』小倉志祥・林田新二・渡辺二郎訳、中公クラシックス、二〇一一年。
＊36　同書。

おわりに

本書の主題は、論破力が美徳として称揚される現代社会において、議論の場に蔓延しつつある詭弁に対して、どのように抵抗するべきかを考察することだった。あらためて、その考察の歩みを振り返っておこう。

第一章では、「論破王」とも呼ばれるひろゆきが、議論をどのようなものとして捉えているのかを検討した。彼にとって議論とは、それをジャッジする第三者に対してのアピールの場である。彼の論破芸の真骨頂は、自分自身の信条とは関係なく、どのような立場を与えられたとしても、その相手を論破する技術にある。それを模範とする人々は、そもそも何らかの信条に基づいて物事を思考すること自体を、無意味だと感じるようになる。そしてそれは、個人の信条が、意見の確固たる拠り所として機能しなくなる、ということを意味する。

第二章では、そうした論破力が依拠するところの、エビデンスという概念について検討した。彼が自らの意見の確固たる拠り所とするのは、信条ではなく、客観的なエビデンスである。この発想は、二〇世紀の初頭に流行した論理実証主義と類似している。しかしそれは、その後の科学哲学の議論のなかで厳しく批判されてきた。本書は、特にトマス・クーンのパラダイム論を紹介し、科学的に実証される観察が理論の妥当性を基礎づけられると考えることは、現代においては楽観的すぎると主張した。そしてこのことは、詭弁に翻弄される議論を調停する確固たる拠り所が、いよいよ何も存在しないということを意味する。

第三章では、このように確固たる拠り所がなくなった現代社会を象徴する事態として、ポスト・トゥルースの問題を検討した。この概念を普及させたドナルド・トランプは、その政治活動において公然と嘘をつき、その嘘を隠そうともしなかった。それは、そもそも人々にとってもはや何が嘘で何が真実であるかが大きな問題ではなくなった、という状況を反映している。本書はそれに対して、百木漠の議論を援用し、真偽について議論するための条件として、物質的な公共物を保存することへの責任が重要である、と指摘した。

第四章では、こうしたポスト・トゥルースの時代において、分断を加速させる現象として、キャス・サンスティーンによって指摘されるソーシャルメディアにおける集団分極化を指摘した。人々は、自分が帰属する集団において共有されている情報だけを知るようになり、その外部にアクセスすることは困難になる。その集団内でより効率的に情報を共有するためには、インプレッション数を稼ぐことが重要な指標となる。そのため、人々の注目を集める暴力的なコンテンツが氾濫するようになる。このようにして、ソーシャルメディアにおける議論は過激化していくのであり、そうしたコンテンツとして詭弁も量産されていくのである。

第五章では、議論において主導権を握るための重要なスキルとして、言語化の能力について検討した。言語化は、確固たる拠り所が失われた現代社会において要求される、自分自身を定義するためのスキルとして要求される。しかしそれは、見方を変えれば、言語化によって自分自身の可能性を一つに限定し、その多様性に自ら蓋をすることでもある。それは、ミシェル・フーコーが指摘するところの、キリスト教道徳における告白による主体化＝従属化のプロセスと重なり合う。これに対して本書は、三宅香帆の議論を参照し、自己変容を前提として自らの可能性を開く方法としての言語化のあり方を示唆した。

第六章では、このように現代社会が詭弁によって翻弄されている根本的な原因を、ユルゲン・ハーバーマスの市民的公共性の概念に基づいて検討した。ハーバーマスによれば、近代の民主主義の成立過程において、人々が各自の読書体験をもとに自由に議論し合う文芸的公共性が重要な役割を果たし、それが機能的に変化することで、市民的公共性が形成されていった。しかし、一九世紀後半になると、資本主義の発展による経済的搾取の深刻化によって、市民的公共性は解消され、議論はショービジネス化されていった。ひろゆきの論破力が発揮されるような議論の環境、すなわち議論に対して第三者のジャッジが制度的に用意され、ただ勝ち負けを競うだけの議論の場は、こうした議論の構造的な変容によって生まれたものである、と考えられる。

第七章では、このように崩壊の危機に瀕している議論への信頼を回復するために、その文芸的公共性における社交の機能に注目した。そこは、様々な集団に属する人々が対等に議論を交わし合う空間だったが、その空間を維持することができたのは、人々が宮廷貴族の社交様式を踏襲していたからである。本書は、イマヌエル・カント、ゲオルク・ジンメル、カール・ヤスパースの思想を参照しながら、社交の主要な機能が議論を非現実化させるという点にあり、それによって私的な利害関係を超えた領域横断的な議論が初めて可能になった、と指摘した。ただし、そこで交わされた議論が現実への影響力を持つためには、ある段階において社交は停止され、議論の空間は「交わり」へと変容されなければならない。

もしも私たちが、再び議論への信頼を取り戻そうとするなら、そのとき必要になるものは、何よりもまず、社交する力なのではないだろうか。それは、議論を優雅に行う技術である、と言ってもいいだろう。社交において重要なのは、正しさを追求することではない。敵対する陣営を議論のなかで論破することでもない。そうではなく、議論による正しさの追求を耐えられるものにするということ、そこに伴う不快感を軽減するということ、それによって、議論そのものを少しでも持続可能なものにする、ということである。

詭弁は相手を論破するために行われる。論破は、その議論を見ている第三者を説得するための技法である。論破力を美徳とする人々は、あるいはひろゆきに感化された子どもたちは、議論がそうした構造を持つことを前提とする。しかしそれは、見方を変えれば、あたかも討論番組であるかのように、ショーアップされ、制度化され、管理された議論の場である。もちろん、制度化された議論に意味がないわけではない。しかし、あくまでもそれが特殊な議論のあり方であることも、留意されなければならない。制度化された議論は、常に、その制度に包摂されるものと、そこから排除されるものを生み出し、ある特定の集団に参加する人々によって行われる。したがってそれは領域横断的な議論にはなりえないのだ。

もしも私たちが、議論とは制度化された議論である、と考え、議論するならばまずそれを制度化しなければならない、と考えているなら、そうした議論に対する考え方は極めて貧しいものであると言わざるをえない。その上それは、ポスト・トゥルース化する現代社会において、あるいは集団分極化するソーシャルメディア環境において、集団ごとの対立を再生産し、分断を深刻化させることになるだろう。

しかし、そもそも市民的公共性は、そうした制度が存在しないところに出現した。人々が小説を読み、その体験をカフェで語り合い始めたころ、その議論は何者によっても管理されていなかった。だからこそ、カフェは領域横断的な議論の場として機能したのである。もちろんそこに何のルールもなかったわけではない。ただ人々は、社交の様式を守って議論していたのである。言い換えるなら、社交こそが、制度的に管理されていないにもかかわらず、領域横断的な議論に持続可能性を与えていたのである。

社交は集団分極化を緩和できる。それは議論の場を非現実化するからである。そこにはジャッジなど存在しない。その場にいる人々が、楽しく語り合うことができればそれでよいのだ。そのような環境において、詭弁を弄する人間などいないだろう。相手を論破することも無意味だろう。なぜなら、勝利を宣言してくれる第三者など、どこにもいないからである。

もちろんそれは簡単なことではない。制度化されていないからこそ、議論の参加者は、自分自身で議論の様式を創出していかなければならない。制度化された議論においては、議論がすべて第三者にお膳立てされているために、議論の参加者は、その議論をどのように進行するかについて、まったく気遣う必要がない。しかし、社交的な議論においては、そうした議論の設計を、参加者が互いに協力しながら担わなければならない。この意味において社交的な議論は、議論そのものの協働的なマネジメントを、参加者に要求するのである。

この意味において、社交的な議論による議論の参加者は、単に自分の発言の妥当性に責任を負うだけではなく、その発言の仕方によって、議論の場そのものの成立に対しても責任を負う。両者はまったく別の種類の責任である。この後者の責任は、制度化された議論においてはまったく不要だったものだ。しかしそれを引き受けることなしに、領域横断的な議論の場を開くことはできないのである。

本書は冒頭で、ひろゆきを怪物に譬える言説の危険性を指摘した。たしかに、ひろゆきは怪物的な影響力を持っている。しかし、ニーチェが指摘するように、怪物と闘おうとする者は、いつの間にか自分自身が怪物と化してしまう。実際、ひろゆきと対峙する論客は、しばしば、ひろゆきを論破しようとし、かえって詭弁を弄する落とし穴にはまってしまう。

それに対して本書は、まったく違った提案を行っている。あえて象徴的な語り方をするならば、それは、ひろゆきを論破することではなく、ひろゆきとも議論を楽しめるようになることを、要求しているのである。彼と敵対し、退場を迫ろうとするのではなく、あくまでも優雅に振る舞い、その議論が誰にとっても不快ではないようにすることが、私たちには求められているのだ。

そうした議論は、「ガチではない」と見なされ、批判されるのかも知れない。しかし、そのときに求められている「ガチ」とは、いったい何なのだろう。それは、現実の利害をそのまま表出した、生々しい対立関係を再生産するものではないだろうか。それでは議論はただ不快なものになり、持続可能ではなくなってしまう。あるいは、それを無理やりに持続させようとするなら、議論は誰かに管理され、制度化されなければならなくなってしまう。そして詭弁は、そうした議論の環境においてこそ、増殖するのである。

だからこそ私たちは、誰かと議論を始めようとするとき、まずはにこやかに挨拶をすることから始めた方がよいだろう。相手がどのような価値観を持っているのだとしても、真摯に耳を傾け、頷き、共感できるなら共感を示し、笑えるなら笑った方がいい。あるいは、相手にも分かりやすい言葉を使って説明し、ときに冗談を言い、ユーモアを織り交ぜながら話した方がいい。温かい飲み物や甘い菓子を勧めるのもいいだろう。そうした和やかな雰囲気と、真剣な議論を両立させるべきである。そして、しかるべき時が来たら、議論は次回に持ち越して、あっさりとその場をお開きにする。帰り道に、その日の語らいを互いが気持ちよく思い出せるよう、にこやかに散会する。

こうした技術は、議論を他者の管理に委ねている限り、不要なものである。しかし、私たちが議論における詭弁の蔓延に抵抗しようとするなら、まずは、こうした技術を学び直すことが必要だろう。もし、現代社会において必要なコミュニケーション能力があるとすれば、それは誰が相手でも論破できる技術ではなく、誰が相手でも社交できる技術だろう。

それが、本書の結論である。

戸谷洋志 とや・ひろし
1988年東京都生まれ。立命館大学大学院先端総合学術研究科准教授。専門は哲学、倫理学。法政大学文学部哲学科を卒業し、2019年大阪大学大学院文学研究科博士後期課程修了。ハンス・ヨナスの研究で学位取得。2015年「人類の存続への責任と『神の似姿』」で涙骨賞奨励賞受賞。同年「原子力をめぐる哲学」で暁烏敏賞を受賞。2021年『原子力の哲学』でエネルギーフォーラム賞優秀賞を受賞。著書に、『Ｊポップで考える哲学――自分を問い直すための15曲』『ハンス・ヨナスの哲学』『ハンス・ヨナス　未来への責任――やがて来たる子どもたちのための倫理学』『スマートな悪――技術と暴力について』『未来倫理』『友情を哲学する――七人の哲学者たちの友情観』『SNSの哲学――リアルとオンラインのあいだ』『親ガチャの哲学』『哲学のはじまり』『恋愛の哲学』『悪いことはなぜ楽しいのか』『生きることは頼ること――「自己責任」から「弱い責任」へ』『メタバースの哲学』『責任と物語』など。

朝日新書
998

詭弁《きべん》と論破《ろんぱ》

対立を生みだす仕組みを哲学する

2025年 4 月30日 第 1 刷発行

著　者　戸谷洋志

発行者　宇都宮健太朗
カバーデザイン　アンスガー・フォルマー　田嶋佳子
印刷所　TOPPANクロレ株式会社
発行所　朝日新聞出版
〒104-8011　東京都中央区築地 5-3-2
電話　03-5541-8832（編集）
　　　03-5540-7793（販売）

Published in Japan by Asahi Shimbun Publications Inc.
ISBN 978-4-02-295310-0
定価はカバーに表示してあります。

落丁・乱丁の場合は弊社業務部(電話03-5540-7800)へご連絡ください。
送料弊社負担にてお取り替えいたします。

ルポ 大阪・関西万博の深層
迷走する維新政治

朝日新聞取材班

2025年4月、大阪・関西万博が始まるが、その実態は会場建設費が2度も上ぶれし、パビリオンの建設が遅れるなど、問題が噴出し続けた。なぜ大阪維新の会は開催にこだわるのか。朝日新聞の取材班が万博の深層に迫る。

祖父母の品格
孫を持つすべての人へ

坂東眞理子

令和の孫育てに、昭和の常識は通用しない。良識ある祖父母として、孫や嫁夫婦とどう向き合ったらいいのか？ ベストセラー『女性の品格』『親の品格』著者が満を持して執筆した、祖父母が知っておくべき30の心得。

逆説の古典
着想を転換する思想哲学50選

大澤真幸

自明で当たり前に見えるものは錯覚である。事物の本質を古典は与えてくれる。『資本論』『意識と本質』『贈与論』『アメリカのデモクラシー』『存在と時間』『善の研究』『不完全性定理』『君主論』『野生の思考』など人文社会系の中で最も重要な50冊をレビュー。

世界を変えたスパイたち
ソ連崩壊とプーチン報復の真相

春名幹男

東西冷戦の終結からウクライナ侵攻までの30年余、歴史を揺るがす事件の舞台裏には常に、世界各地に網を張るスパイたちの存在があった――。彼らは、どのような戦略に基づいて数々の工作を仕掛けたのか。機密文書や証言から、その隠された真相に迫る。

関西人の正体〈増補版〉

井上章一

関西弁は議論に向かない？　関西人はどこでも値切る？　典型的な関西に対する偏見を、時に茶化し、時にまじめに打ち壊す。京都のはずれから考える独創的で面白すぎる関西論！　新書化に際し、ボーナストラック「55年ぶりの万国博」を加筆。

持続可能なメディア

下山　進

問題はフジテレビだけではない。買収不可能の規制下で甘やかされた新聞・テレビは巨大な技術革新の波に揉まれ、崩壊の螺旋階段を落ちていっている。それらを尻目に繁栄するメディアとは？　国内外を徹底取材。エピソード豊かに描き出す成功の5原則。

現代人を救うアンパンマンの哲学

物江　潤

「遅咲きの天才」やなせたかしは、朝ドラ「あんぱん」に描かれるように、愛妻・暢と共に運命を切り開いていく。戦中派の悲観論から脱して、ついに「人生は喜ばせごっこ」の境地に至る。国民的作品に潜む平易で深い表現が、孤立する現代人の心に響く。

オーバードーズ
くるしい日々を生きのびて

川野由起

市販薬を過剰摂取するケースが、若年層を中心に増加している。どうせ誰も助けてくれない――「生きづらさ」の背後に何があるのか。親からの虐待やネグレクト、学校での孤立感……社会に何が足りないのか、どのような支援が求められているのかを探る。

動的平衡は利他に通じる

福岡伸一

他者に手渡されつつ、手渡す行為――すべての生命はこの流れの中にある。日常における移ろいを見つめ、生命のありようを思惟し、動的平衡と利他のつながりを捉える。大好評を博した随筆集『ゆく川の流れは、動的平衡』、待望の新書化。